鴨武彥著
粘信士譯

國際統合理論研究

文史哲出版社印行

國立中央圖書館出版品預行編目資料

國際統合理論研究 / 鴨武彥著 ; 粘信士譯. -- 初版. -- 臺北市 : 文史哲, 民85
面 ; 公分
參考書目:面
ISBN 957-549-002-9(平裝)

1. 國際政治 - 哲學,原理

578.01 85002585

國際統合理論研究

著者：鴨武彥
譯者：粘信士
出版者：文史哲出版社
登記證字號：行政院新聞局局版臺業字五三三七號
發行人：彭正雄
發行所：文史哲出版社
印刷者：文史哲出版社
台北市羅斯福路一段七十二巷四號
郵撥〇五一二八八一二彭正雄帳戶
電話：三五一一〇二八

實價新台幣四〇〇元

中華民國八十五年三月初版

ISBN 957-549-002-9

作者　鴨武彥

一九四二年　生於日本東京都

一九六六年　畢業於早稻田大學政經學部

美國耶魯大學Ph.D.

一九八一年至八九年　任早稻田大學政經學部教授

一九九四年秋　任日本國際政治學會理事長

現職　東京大學法學部教授

專攻　國際政治學

著作　「裁軍與和平之構想」（日本評論社）

「國際統合理論研究」（早稻田大學出版部）

「國際安全保障之構想」（岩波書店）

「歐洲統合」（日本放送出版協會）

譯者　粘信士

一九六一年　生於台灣省彰化縣

一九八三年　畢業於中國文化大學東語系

一九八五年　日本文部省獎學金公費留學考及格

一九八五年　乙等外交領事人員特考及格

一九八六年　奉派赴早稻田大學研修

一九八九年　畢業於早稻田大學政研所

一九九〇年　奉派任職於台北駐大阪經濟文化辦事處秘書

一九九四年　奉派任職於台北駐福岡經濟文化辦事處秘書

國際統合理論研究　目錄

導論

衆所周知，可謂是現代國際政治基本結構之「民族國家體系」（nation - state system）於十七世紀中葉在歐洲誕生。當時正逢三十年宗教戰爭結束，召開維斯托發利亞會議（一六四八年）。該項會議所決定之「民族國家體系」即爲歐洲之國際政治，亦可稱之爲「維斯托發利亞體系」。姑且不論其名稱之由來，所謂「民族國家體系」，不論其規模大小，首先是由主權、人口及土地等三要素形成一個國家，並被視爲國際政治中最重要之行爲主體，且國與國之間爲維護及擴大其國家利益而不斷地、反覆地進行「權力遊戲」（power game）。舉凡第一次、第二次世界大戰亦是在「民族國家體系」之前提下而戰。在該體系下，國家外交戰略之最高目標即所謂國家常備軍之軍事力量，而運作軍事力量之「權力政治」乃爲該體系之中心主流。

但第二次世界大戰後，「民族國家體系」在功能方面產生了變化，其傳統理論亦面臨了挑戰。試舉例言，第一，由於戰後許多國家獨立了並參與國際政治，致使權力遊戲本身複雜化，國與國間之「權力平衡」顯然不易達成。第二，因核子時代之來臨，美蘇超強達成所謂恐怖之均衡，以迴避全面性的戰爭。第三，或基於反動，許多軍事衝突其實來自於開發中國家之選擇何種政治體制，然後大國之介入戰爭。第四，尤以西方國家爲首，彼此間的經濟相互依賴程度愈深，結果不僅經濟泛政治化，各國以「砲艦外交」作爲解決紛爭之傳統手法自無用武之地。第五，國際政治之外交與內政的界限益趨模糊並相互影響。

另尤需正視的是，前述該幾項戰後國際政之重大變化並未在以「國家」、「軍事力」、及「權力遊戲」爲三足鼎立之「民族國家體系」範疇內進行。同時，那些嘗試性的變化尙微不足道，僅可視爲戰後國際政治之幾個現象。事實上，擬向傳統體系挑戰，並擬超越之理論和現象早已發生於一九五〇年代的美國和歐洲。就理論層次而言，美國的國際政治學界中產生了「國際統合理論」（theories of international integration）學派。更有趣者，在同一個時期，與維斯托發利亞之情形相同，看國際統合先驅的現象發生於西歐的國際舞台。亦即，一九五〇年代初期成立了「歐洲煤鐵鋼共同體」（ECSC），後期成立了「歐洲經濟共同體」（EEC）及「歐洲原子能共同體」等均多可視爲地區性的，戰後國際政治一連串活潑的歐洲統合化運動的現象。

在當時，曾根據Jean Monnet之政策建言以爲歐洲煤鐵鋼共同體之架構，並首次公諸於世之法國外相Robert Schuman曾表示，如渠所強調的，創設該共同體之目的在於消除德、法兩國間之歷史宿怨，並期兩國不再發生戰爭。此乃一九五〇年五月九日之史實。旋第一位歐洲經濟共同體委員會之委員長Walter Hallsitein在一次應邀赴美以「歐洲合衆國——挑戰和機會」爲題之特別演講中，一開頭即指出，歐洲統合運動非如十九世紀民族國家般的規模，但將國際政治由舊秩序轉換成新秩序，甚至以發展良好的秩序爲目標。

Waltter Hallstein 所指的舊秩序即歷經三個世紀之久，由歐洲地區向世界其他的地區膨脹發展之「民族國家體系」，而改革該舊秩序之思考靈感則來自於國際統合理論。倘若是，則戰後歐洲的統合運動及以其爲研究案例之國際統合理論，均視作係向現代國際政治基本架構之「民族國家體系」之一項挑戰；而「民族國家體系」之諸等架構和行動原理亦欣然接受其挑戰，其結果，該等挑戰之統合過程究竟將造成國家之地位和權力何種變化？另外，國際統合所追求有關「超國家共同體」之創設，即「超國家主義」（supranationalism）應透過何種具體的方式予以實現？又可謂爲「民族國家體系」基本原動力之國家軍事力量，即權力遊戲之內涵將如何演變？倘該替代權力政治之行動原理可在統合的過程中付諸現實，則如何？而以歐體（EC）爲研究案例，在現實上可驗證上項所述理論之程度又如何？

基此前提，筆者開始研究國際統合理論是在早稻田大學大學院碩士課程寫完「地域主義之理論基礎」一文，進入博士課程之際，當時受業於政經學部吉村健藏教授。吉村教授曾在日本國際政治學會之機關刊物『國際政治』上整理有關「歐洲統合研究」（一九六四年）之論文，而筆者曾於一九六九年在『早稻田政治經濟學雜誌』發表第一篇有關國際統合的論文——「關於國際統合諸理論之探討」，邇來均在教授熱心之傳道授業下研究至今，今日得將曾發表之國際統合理論等論文整理付梓，首先必須先向指導教授致最深摯之謝意。

其次，必須感謝的是筆者曾於一九七〇至七三年負笈美國耶魯大學期間之指導教授Russett，Bruce M，當時研究主題雖與早大博士班時期不同，但Russett 教授經常指導筆者有關本題之相關資料頗多，行文至此，自感才疏學淺，今後唯有努力以赴，期有所拋磚引玉。

同時，亦必須感謝各賢達前輩之指導，如日本國際政治學會有關國際統合及EC研究之細谷千博教授（前一橋大學）、荒川弘教授（成城大學）、金丸輝男教授（同志社大學）、中原喜一郎教授（東海大學）、高柳先男教授（中央大學）、南義清副教授（信州大學）、大限宏副教授（成城大學）及田中俊郎副教授等。

本書編纂主要目的有二，第一，針對國際統合理論自產生之一九五〇年代至今之變遷、理論發展及消長等，分就重要之論點詳加分析評述。如目前國際統合理論分成幾個學派，就整體而言，該理論至一九七〇年代以後曾出現瓶頸之舉，擬試考其原委，並據以展開筆者之理論檢認如第一章之「有關國際統合諸學說理論之探討」、第二章「國際統合之理論研究」及第三章之「國際統合與國家利益」中分別闡述。第二，研究國際統合之主要案例——歐洲共同體（EC）其實際運作如何？儘可能予以實證分析。另歐體在「民族國家體系」之功能領域中究竟如何變遷？希以國際統合理論手法予以檢析。

倘以國際統合理論概觀歐體，則可謂其無論政治功能、組織或決策結構功能，甚至與該地區外之接觸交流等層面均有很大之變化。且就其變化過程言，決非單線的，而是一項對立與矛盾之複雜過程。本書第四、第五及第六章即擬探討其錯綜複雜之動態過程。在第七章則擬針對國際統合理論與現實間所存在之緊張關係，以及政策與預期間所產生之誤差，期解析其統合之歷史過程，最後並根據研究結論，展望今後之國際統合理論研究之重要課題。

最後，筆者擬強調的是，必須重視該國際統合理論研究之另一面，亦即，國際統合理論一開始便排除的統合動態領域——權力之「強制性」（coerciveness）領域。所謂「強制性」，即指軍事力之強制性或以軍事力爲中心之威脅體系（threat－system）。國際統合理論主要是假設以和平的手段進行國家間的統合，換言之，即以「非強制性」（noncoerciveness）之手段予以實現之一種過程。或可謂是在國與國之間自發性的政治融合現象中重新賦予國際統合之特質。職是之故，筆者特別重視的是，在國際政治常態下，所謂的以「強制性」爲手段的軍事力如何轉變爲以協調爲主之「非強制性」之該項政治過程。爲解析該過程，筆者以爲，應同時要研究統合之相對領域——軍事，以爲國際統合研究之需。換言之，有關國際政治之軍事力分析、核子抑制、核武戰略、擴軍及裁軍等問題領域必須與國際統合研究平行同時研究，國際統合理論學家所假定之統合領域與軍事領域，其實是一體兩面的，該項說法，正是筆者據以爲研究「和平研究」（peace research）之理由。

本書主要根據曾發表於學術刊物及共同編著等論文編集成冊，如第一章曾發表於『早稻田政治經濟學雜誌』（第二一九號、一九六九年），第二章於日本國際政治學會之『國際政治』（第五〇號、一九七三年）、第三章於『早稻田政治經濟學雜誌』（第二四一號、二四八、九合併號、一九七五、七六年）；第四章於與細谷千博、南義清教授之共同著作『歐洲共同體之研究』（新有堂，一九八〇年）；第五章於「國際政治」（第五五號、一九七六年）；第六章於『早稻田政治經濟學雜誌』（第二六九號、一九八二年）；第七章於『國際政治』（第七七號、一九八四年）等。

本書之刊行將作爲筆者今後繼續深入研究國際統合理論之一個出發點，倘讀者能從中獲得若干啓發，當屬有幸。在此除感謝前述之諸位賢達先進外，同時要感謝這十年來曾參加本人講座共同針對本題集思廣益之學生諸君。

另本書倘無早大出版部有關執事之鼎力協助，將無法得以學術刊物付梓問世，尤需感謝自企畫及至校正印刷之編集部長城下幸雄先生。而本書之出書乃獲自早稻田大學之學術補助費，特此誌謝。

最後，謹以本書獻給經常告誡筆者需以愛敎導專攻國際政治之學生諸君之亡母，以及年近古稀仍孜孜不倦埋首研究之法學學者之嚴父。

鴨武彥

一九八四年十二月

第一章　國際統合諸學說理論之探討

一、序說

戰後國際政治有一顯著之傾向，即各國的地域統合（regional integration）。尤其在一九五〇年代以後，各國的地域統合在歐洲蓬勃地發展，其發展動態之一已演變成歷史的現況[1]，對專攻國際政治學者而言，是不可忽視之現象。

而事實上，歐洲統合倘以歐洲煤鐵鋼共同體（ECSC）、歐洲經濟共同體（EEC）的發展來看，目前尚停頓在經濟統合的階段。原本EEC本身是以政治統合為宗旨，但終究無法實現，因此改以設立歐洲政治共同體（EPC）、歐洲防衛共同體（EDC）之組織來推動。在國際政治學領域，刻以該等地域統合顯在化之問題，試據以探討其特殊政治現象並予以理論建構[2]，其中，尤以美國的國際政治學者投入的探討為最。然至目前為止，有關國際統合學說，各家爭鳴，尚未建立一個統一的共識。其分歧之觀點在於，到底國際關係上統合的意義何在？另統合和國家的關係應如何界定？因之，如何解析上述各該基本課題是研究國際統合的出發點。

本章擬先分析探討各家學說，並據以闡述有關統合基本課題之分歧點，亦即第一，何謂統合？及有關統合諸說現況。第二，闡明統合和國家關係各說之爭論點兼其學說內容。同時，在分析的過程中著重於有關統合的意義及統合與國家的關係之理論建構，擬先提示一下結論及今後之課題，並據以為今後理論研究發展之參考。

(1) Ernst B. Haas,『International Integration : The European and the Universal Process,』International Organization, Vol. XV, No. 3, Summer 1961, p.367.

當然在戰後國際政治顯著的趨勢中，無庸置疑地存有統合現象和相對的分裂現象。該兩種現象，正如 Plischke 所分析的可謂係「明顯地具有兩極背反之分歧傾向」

(2) Elmer Plischke, International Integration : Purpose, Progress, and Prospects, in Systems of Integrating the International Community, edited by Plischke, D. Van Nostrand Co. 1964, p.3.

kaiser 亦指出，有關國際統合研究乃過去十年來之政治學，尤其是國際政治等研究最重要的發展之一。其對國際政治等之貢獻，可概分如后：第一、根據 Haas 等人研究統合理論，視國內政治和國際政治為一研究領域，並提供其可能之選擇性。第二，統合理論建構在社會科學領域屬於較難的預測研究。第三、統合理論帶動了國際政治學之比較研究。

Karl Kaiser,「The Interaction of Regional Subsystems：Some Preliminary Notes on Recurrent Patterns and the Role of Superpowers,」World Politics, Vol. XXI, No.1, October 1968, pp. 87－88.

二、綜合之意義——過程說與條件說

何謂統合（integration）？有關統合學說的定義可分爲著重於過程（process）與規定統合之條件（condition）等兩種定義。截至目前爲止，以視統合爲過程之學者較多，後者則占少數。

持過程說之代表學者爲哈斯（Ernst B. Haas）。渠認爲，所謂統合，即各國之政治行爲者被說服將其忠誠心、期待以及政治活動，移轉至另一個嶄新的中樞，該新的中樞具有優於其本國管轄權的政治共同體（political community）[1]。哈斯認爲政治共同體是在民族國家間達成統合的過程[2]。哈斯強調，統合應該視爲一種過程。渠又指出，統合是指連結現存的國際體系（system）及將來可預知的具體體系之過程。[3]。

哈斯的理論特別強調統合過程的性格，依此觀點，主張嚴格區分統合的過程和結果，哈斯在與philipe C. Schmitter 共同執筆的論文中明白指出，「目前我們共同犯了一個錯誤，即以政治連合（political union）作爲檢見統合過程的指標[4]，其結論是「過程和結果，必須透過經驗之一貫性予以區分[5]」。故依照哈斯之見解，統合是爲創設政治共同體歷經的過程，其過程的最終目的是政治共同體。

接著，哈斯分析在政治共同體創設的過程中有三個特色。第一、有「外溢」（spill－over）過程的特色。所謂外溢，亦即在一個領域（sector）進行之統合，功能性地影響至其他的領域。統合因具有此功能性的特殊性（functional specificity），故被認爲其外溢傾向乃是必然之結果(6)。第二，是政治化（politicization）過程的特色。所謂政治化，即與統合相關的行爲主體，一開始從技術性或者是較不具有爭議性（noncontrovertial）的方面開始合作，接著朝政治性方面著手進行，日後他們發現爲了達到彼此共通的利益，唯有將較多的權威委讓給政治共同體(7)。該政治化過程與外溢效應過程具有相同的特質(8)。第三、是解決紛爭（conflict resolution process）的過程。視統合爲一種發展性的過程，則統合將具有包括政府、民間的層次，能消除各種利害關係及對立的特性。爲和平消除利害對立，哈斯學說假設了以上三個階段的妥協方式(9)。

至其他研究統合學說的學者，支持哈斯的統合過程說的則有：舒密特（Schmitter）、林柏格（Leon N. Lindberg）、奈因（Joseph S. Nye）、杜意奇（Karl W. Dentsch）、凱撒（Karl Kaiser）(10)等人。

上述學者，除舒密特特外(11)，其他學者大致上都支持統合過程說，見解則未必相同。

首先，林柏格對於哈斯的統合(12)過程說非全面贊同，雖然渠亦主張統合是一種「過程」(13)。林柏格認爲，統合第一是各國家的政治行爲者被說服將其期待及行爲活動移轉至另一個新的中心的過程，第二個是各國家彼此放棄獨立自主的對外政策及對內的重要政策執行願望及能力，取而代之，是以共同決策方式（joint decision）抑或將決策委託新的中心機構執行，其過程稱之爲統合(14)。

前述之定義，被認爲是哈斯的基本論點，但欠缺哈斯所提的有關忠誠心之移轉。林柏格認爲，所謂忠誠心應該是一種價值轉換，一般只有發生在新的政治期待或活動等模式下，因此將忠誠心的移轉排除於統合的過程之內(15)。此爲林柏格與哈斯見解不同之處。

後述的定義部分亦有林柏格與哈斯見解不同之處。即林柏格認爲在創設政治共同體的過程中，有關集體的決策方式可分爲委讓型與共有型，無論其任何方式在統合的過程都有可能發生。但是哈斯只認同前者的方式。其理由是，哈斯認爲政治共同體對既存的國民國家擁有管轄權或是要求的權力，因此並非共有型的決策方式，而是採取委讓型的決策方式。

其次，奈因雖然和林柏格一樣贊同統合過程(16)，但是對哈斯的過程說則有所評論。即奈伊對哈斯統合過程說中，就其外溢效應過程或政治化過程特色提出疑問。有關外溢（spill－over）過程與政治化過程之意義及內容，如同前述，但該兩個過程中含有最重要的命題是，依據哈斯—舒密特提出的「由經濟統合進展到政治統合應視爲一種連續發展的過程，換言之，即經濟統合會自動發展（automatically）到政治統合(17)。依此命題的理論基礎，林柏格(18)也指出蘊含功能主義(19)（functionalism）的思考方法，奈因對外溢過程及政治化過程所提出之評論如后：

「太過於強調意識性的政治行動。且其自動性的政治化概念對事物有所制約，恐係太過於對功能主義的執著(20)。

與奈因類似評論的則有霍福曼（Stanley Hoffmann）。霍福曼對哈斯與舒密特的主張統合外溢效應過程提出了嚴厲的批評。霍福曼認爲，在統合的過程中，其結局將受到各國政治決策之影響，因此統合並非如外溢（spill－over）過程般井然有序，自我形成（self－generating）的產物㉑。霍福曼並認爲，外溢（spill－over）理論可以說是模糊不清且含混的論理，僅止於國家主義顧及不到的經濟、福利的層面，亦即「低次元政治」（low politics）㉒層次之功能。因此，根據霍福曼所言，外溢過程是與國家利益相衝突，無法達到「高次元政治」（high politics）層面之功能，並不適用於政治統合，而只適用於經濟統合㉓領域。

雖霍福曼針對外溢過程之合法性提出了強烈的批判且遠較對奈因的批判還徹底，但擬先不予論述該統合，果如霍福曼所強調之必須明確區分經濟統合和政治統合㉔，且在經濟統合過程中，只具有不與國家利益相衝突的Low－politics之功能？關於此點，則有必要對國際政治的現實狀況深入洞察。就統合的外溢過程說言，其所主張之經濟統合將自動發展到政治統合層面之論點，免不了被批評爲太過樂觀，但是亦不能否定其在統合過程中所具有之動力。接著，我們來看有關杜意奇（Deutsch）的統合過程說。

杜意奇認爲「統合是創造統一的常規和制度的過程㉕」。因此渠亦屬於統合過程學派。

杜意奇對統合的定義如下：

是人們相信在長時間內，可以和平達成在一個地區人與人之間形成一種團隊意識（sense of

community）與十分強大且普遍性的各種制度及習慣(26)。

但是，杜意奇所謂的統合所達成的共同體，並非哈斯所謂的政治共同體，而是安全保障共同體(27)（security community），甚至杜意奇認爲安全保障共同體必須與政治共同體釐淸(28)。此爲杜意奇學說與哈斯—舒密特統合過程說不同見解之處。同時，因統合所達成的共同體是政治共同體抑或安全保障共同體之問題，成爲國際統合理論研究中最受爭議的一個問題。關於此點，容在統合與國家的關係章節裡再詳加論述。總而言之，杜意奇對哈斯的外溢過程說也持否定態度，並對其理論建構給予消極的評價(29)。

哈斯曾對杜意奇就統合理論不採過程說立場，而採過程正面條件說之論點予以批判。亦即哈斯對於杜意奇採用的交流主義手法（transactionalist approach），由量的交流層面，亦即過程的層面來理解統合諸國家放棄武力作爲解決紛爭的手段，職是之故，倘擬分開處理統合的原因和結果，將益形困難(30)。但是哈斯的評論亦有疑問。前言已提及，杜意奇並未給統合下條件的定義，而是規定統合是創造統一的常規和制度的一種過程。因此杜意奇與哈斯應是同樣持過程說的觀點才是。且林柏格也指出有關統合的定義，認爲只分開兩種學說，即過程說和條件說(31)。甚至Richard W. Van Wagenen 也指出哈斯的統合手法與杜意奇的非屬統合的條件，而是在定式化的手法上，其過程是一致的(32)。如此看來，哈斯對杜意奇的批判，大概是哈斯對杜意奇的統合觀產生了誤解。

最後是有關凱撒（Kaiser）的統合過程見解。凱撒所提倡的統合理念，並非哈斯所謂的政治共同體或杜意奇所主張的安全保障共同體所達成的過程。也不是站在哈斯—舒密特的新功能主義方法論之觀點，更不是依據杜意奇的交流主義方法論，而是提倡新的研究手法，即所謂體系的經驗方法論(33)（systemic empirical approach）。尤其凱撒重視其體系的接近手法（approach），從其觀點來看，是關心在部份國際體系(34)（partial international systems）中所顯示的統合型態。凱撒是將體系變化（system transformation）的過程作爲統合的理論建構。因此凱撒所提出的統合過程說與以往的過程說在意義及內容上見解不同，有其獨特性。有關凱撒的統合過程架構，如下所述：

「統合可視爲改變體系（system）構造的過程，而且一旦發動，可視其爲構造變革的發展過程(35)。」

以上所述爲統合過程說主要學者的見解，基本上他們對於統合是著重於過程意義之立場是一致的，至其具體內容，則各有各的見解，並不盡相同。

接著，來看有關統合條件學說的內容。這個學說的代表人物是艾桑尼（Amitai Etzioni）。艾桑尼的條件說架構如下所述。渠認爲統合是一種促使政治共同體成立的條件狀態。因此統合有三種形態，該三種形態是政治共同體不可欠缺的條件。即艾桑尼曾說：「政治共同體即是保有三種統合條件的統合共同體(36)。」其形態如下(37)：

(1)第一個種類的統合是，一個政治體系能對暴力手段行使有效的控制獨占權的狀態。

(2)第二個種類的統合是，該政治體系內，有一個政策決定中心可影響共同體內資源與報酬的分配狀態。

(3)第三個種類的統合是，對大多數具有政治意識的公民而言，爲了達成政治認同（political identification）而有一個最高中心的狀態。

以上三種狀態必須完全具備時，政治共同體才能成立，且其條件及結果必須充分，政治共同體才會產生。此爲其與過程說不同之處。

艾桑尼何以認爲統合需具備該三種形態？將政治共同體視爲是一個高度嚴密且統合化之國際體係(system)的艾桑尼對統合的程度表現了強烈的興緻。渠根據統合程度試圖區分政治共同體與其他國際體系之不同，例如：國際機構（international organization）、陣營（blocks）、帝國（empires）。[38][39] 統合程度的特性即如前述三種統合形態，均可視爲形成統合的基準（level）。因艾桑尼設定了三個統合基準（①正統地行使暴力手段之獨占②政策決定中心③政治認同的中心）予以區分政治共同體與其他的國際體系之不同。以下根據艾桑尼對國際機構、陣營、帝國或政治共同體其統合化程度的系列分析：

「國際機構較陣營未被統合，陣營較帝國未被統合，而帝國較政治共同體未被統合(40)。」

的確，艾桑尼的國際統合理論將政治共同體定位在諸多國際體系中之獨特性是不容否認的。但是艾桑尼正如凱撒所指出的，倘「統合」單從條件說予以理解，則統合過程將完全被排除(41)。目前艾桑尼的條件說僅有少數學者研究，大多數的學者仍然支持統合過程說。

而艾桑尼的條件說雖有其說服力，但是將統合定義為條件說亦有其問題存在。那麼條件說的問題何在？

林柏格對其問題難點提出下列的看法。

「統合條件的概念化，第一，影響統合的環境要素僅止於一般性的議論，第二，有關艾桑尼的條件說中主張政治共同體保有三種統合型態，此點恐有將政治共同體與統合視為一體之嫌(42)。哈斯針對艾桑尼的條件說做如下的評述(43)「根據艾桑尼的定義，則統合與共同體變成同義語了(44)。」總之，根據林柏格及哈斯的評述得知，統合條件說是有其問題存在。

然而，原本艾桑尼的條件說受到矚目，在於區分統合與政治統一（political unification），且兩者存有異質性(45)。誠如所述，艾桑尼把統合視為一種條件。但是將政治統一視為政治共同體形成的過程(46)。且在政治統一的過程中，有①離陸（take－off）過程(47)②外溢（spill－over）過程③辯證法發展過程等三個過程。第一個離陸過程是指從政治統一的形式開始、亦即實質的開始，也就是艾桑尼所形容的「從一開始，到第二點」。第二個外溢（spill－over）過程是指隨著統合化程度的高漲，各具有高低外溢兩種傾向(48)。第三個辯證法發展過程是指，政治共同體在充分被統合化之階段時，有兩個到三個團體在互相對抗，最終不是被上級併合，而是被綜合（synthesized）(49)的過程。以上三種過程各有其獨特之處。但在艾桑尼學說裡，只被認定在政治統一裡，而排除了統合。此為艾桑尼學說視統合只是政治共同體的單一條件。

然而有否必要區別統合和政治統一？有時雖說是政治統一，充其量只不過是統合的另一種替換的表現。如果視統合為各個國家之間彼此追求政治統一的現象，自不必要區分統合和政治統一了。有關此點是艾桑尼統合條件說裡的問題所在，亦是今後檢討艾桑尼條件說時不可忽視的一個論點。

第二個理由，容於下一個章節討論，即有關統合的目的，是要超越現有的民族國家？抑或創設異於政治共同體、安全保障共同體並改變國際政治結構之現狀。統合的目的是具有優秀、劃時代性而且是具有動態的性質。如此參照統合的目的來看統合的本質不單只是條件，而是具有動力的過程。從上述兩個理由來看，統合過程說顯較統合條件說具有說服力。

(1) Ernst B. Haas, The Uniting of Europe : Political, Social, and Economic Forces, 1950－1957, Stanford University Press, 1958, p.16.

(2) Haas,『International Integration : The European and the Universal Process,』op. cit., p.366.

(3) Ernst B. Haas, Beyond the Nation－State : Functionalism and International Organization, Stanford Universtiy Press, 1964, p.29.

(4) Ernst B. Haas and Phillipe C. Schmitter,『Economics and Differential Patterns of Political Integration : Projection and Unity in Latin America,』International Organization, Vol. XVIII, No. 4, Autumn 1964, p.710.

(5) Ibid.

(6) Haas,『International Integration : The European and the Universal Process,』op.cit., p.372.

有關外溢 spill－over 過程的特色，舒密特有詳加的說明。根據舒密特解釋，所謂外溢（spill－over）過程的特色可擴大政策領域及促進集體決策。具有包含許多國家主體的傾向，亦即具備了累積傾向（cumulative tendency）Phillipe C. Schmitter,『Three Neo－Functional Hypotheses About International Integration,』International Organization, Vol. XXII, No. 1, Winter 1969, pp.165－166.

(7) Haas and Schmitter,『Economics and Differential Patterns of Political Integration,』op. cit., p.707.

(8) Ibid., pp.707－709.

(9) Haas,『International Integration ：The European and the Universal Process,』op. cit., pp.367－368.
所謂三個階段的妥協方式，依哈斯所說，①根據最小公分母的妥協方式②互讓式的妥協方式③基於提高彼此共同利益的妥協方式。

(10) Leon N. Lindberg, The Political Dynamics of European Economic Integration, Stanford University Press, p.6. ; Joseph S. Nye,『Patterns and Catalysts in Regional Integration,』International Organization, Vol. XIX, No.4, Autumn 1965, p.871. " Karl W. Deutsch, Political Community at the International Level ：Problems of Definition and Measurement, Doubleday & Co., 1954, p.33. ; Karl Kaiser,『The U. S. and the EEC in the Atlantic System ：The Problem of Theory,』Journal of Common Market Studies, V. June 1967, p.410.

(11) 舒密特（Schmitter）因與哈斯共同執筆上述的論文，故等於持與哈斯的過程說相同的見解。

(12) 林伯格（Lindburg）不使用所謂統合的術語，而使用政治統合（political integration）的概念，但與哈斯所謂的統合幾乎在意義上沒什麼差別。國際政治學者所謂的統合，在很多場合，是具有政治統合的意義，但在經濟學的領域裡，也有所謂經濟統合（economic integration）的概念，因此提到統合還是以使用廣義的定義較妥。

(13) Lindberg,『The Political Dynamics of European Eocnomic Integration,』op.cit., p.6.

(14) Ibid.

(15) Ibid.

(16) Nye,『Patterns and Catalysts in Regional Integration,』op. cit., p.871.

(17) Haas and Schmitter,『Economics and Differential Patterns of Political Integration,』op. cit., pp.705－710.

(18) Lindgerg,『Decision Making and Integration in the European Community,』International Organization, Vol. XIX, No. 1, Winter 1965, pp. 57－58.

林伯格（Lindberg）是以功能統合的發展理論（expansive logic of functional integration）來分析該理論。

(19) 有關功能主義實有說明的必要。

首先，功能主義的架構，依哈斯所說，「可分離成幾個架構」。例如：權力、福祉，還有政府的軍事防衛政策和經濟政策，甚至於是政治性的、技術性的，彼此個別分離的可能性。依此命題分離可能論的根本，具有功能及其中政策特殊性格的意識。此與統合有相關連，且強調統合的功能特殊性。依照哈斯本身的表現，則出於統合的功能自律性（autonomy of functional contexts），因此在統合理論領域裡導入功能主義，從經濟領域中分離出來，接著，透過經濟政策的功能將特殊性的自律性，統合朝政治共同體發展。此為統合功能主義的特色。

哈斯原本所倡導的功能主義是屬於「修正功能主義」(revised functionalism)，在意義上可以稱爲「新功能主義」。新功能主義與功能主義在理論架構上的差異，PaulTaylor 分析如下：以共同體和主權的國際論點來看，前者主要注重於制度水平（level）的發展，後者主要著重在以主權本質的前提條件下社會心理共同體的發展。

(20) Nye,『Patterns and Catalysts in Regional Integration,』op. cit., p.881.

(21) Stanley Hoffmann,『Discord in Community：The North Atlantic Area as a Partial International System,』International Organization, Vol. XVIII, No. 3, Summer 1963, p.529.

(22) Hoffmann 將國際政治分爲「low politics」和「high politics」根據 Hoffmann 所說，所謂「low politics」是有關國際資源的政治福祉，而所謂「high politics」是與國家的外交、策略有生死相關、直接利害關係的政治。Hoffmann, Gulliver's Troubles, or the Setting of American Foreign Policy, McGraw－Hill, 1968, p.404 ；cf. Roger D. Hansen,『Regional Integration：Reflections on a Decade of Theoretical Efforts,』World Politics. Vol. 2. January 1969, pp.247－248.

(23) Hoffmann,『Obstinate of Obsolete ? The Fate of the Nation－State and the Case of Western Europe,』Daedalus, Summber, 1966, p.882.

Hoffmann 稱外溢（spill－over）理論爲統合的理論，且設定了多樣性的理論（logic of diversity）Ibid., pp.881－882.

Hoffmann 將外溢（spill－over）過程理解爲一種信託作用（fiduciary operation），且隨時帶有質詢書，因此恐易造成信用枯渴。Hoffmann,「The European Process at Atlantic Crosspurposes,」Journal of Common Market Studies, Vol. III, No. 2, February 1965, p.88.

(24) Hoffmann,「Discord in Community ; The North Atlantic Area as a Partial International System,」op. cit., pp.530 – 531. ; Hoffmann,「Obstinate or Obsolete ? The Fate of the Nation – State and the Case of Western Europe,」op.cit., p.882 ff.

(25) Deutsch, Political Community at the International Level, op. cit., p.33.

(26) Deutsch et al., Political Community and the North Atlantic Area, Princeton University Press, 1957, p.5.

(27) Ibid.

(28) 根據杜意奇的學說，安全保障共同體與政治共同體之區別，以參加共同體的每個國家是否具有排除暴力或戰爭的準備予以區分。而具有完全排除戰爭或暴力準備狀態的是安全保障共同體，反之若未排除其準備的是政治共同體。Deutsch, Political Community at the International Level, op. cit., p.33 ff.

(29) Deutsch,「Supranational Organizations in the 1960's,」Journal of Common Marker Studies, Vol. 1, No. 3, 1963, p.215.

(30) Haas, Beyond the Nation – State, op. cit., p.27.

(31) Lindberg,「The Political Dynamics of European Integrtion,」op. cit., p.4.

(32) Richard W. Van Wagenen,「The Concept of Community and the Future of the United Nations,」International

Organization, Vol.XIX, No. 3, Summer 1965, p.816.

(33) Kaiser,『The U. S. and the EEC in the Atlantic System, op. cit., p.389ff.

(34) Kaiser,『The Interaction of Regional Subsystems,』op. cit., pp.85－86.

但是凱撒（Kaiser）選擇體系分析 frame work 的情況，與其說是依據 Morton kaplan 發展的體系理論（system theory）。不如說是依循 Raymond Aron 或 Hoffmann 的輪廓，且部分適用於歷史社會學的傳統。

(35) Kaiser,『The U. S. and the EEC in the Atlantic System,』op. cit., p.410.

(36) Amitai Etzioni,『A Paradigm for the study of Political Unification,』World Politics, Vol. XV, No. 1, October 1962, p.45. ; ; Etzioni, Political Unification ; A Comparative Study of Leaders and Forces, Holt, Rinehard and Winston, Inc., 1965, p.4.

(37) Ibid.

(38) Ibid.

(39) 艾桑尼的國際體系（system）是使用包括性的概念，一個國家的行動變化會影響到其他國家的行動，且該等變化的單位將產生反彈。Paradigm for the Study of Political Unification,』op. cit., p.54 ff.

(40) Etzioni, ibid., p.47. ; Etzioni, Political Unification, op. cit., p.9.

(41) Kaiser,『The U. S. and the EEC in the Atlantic System,』op. cit., p.396.

(42) Lindberg,『The Political Dynamics of European Economic Integration,』op.cit., p.5.

(43) Haas,『Persistent Themes in Atlantic and European Unity,』World Politics, Vol. X, No. 4, July 1958, p.627.

(44) Haas, Beyond the Nation－State, op. cit., p.522.

(45) Etzioni,『A Paradigm for the Study of Political Unification,』op. cit., pp.44－48.

(46) Ibid.

(47) 所謂離陸過程，在考察統合過程時，特別具有其重要性。艾桑尼認爲，雖然離陸過程概念只被包含在統一的模式裡，但此一概念理應被導入國際統合。應用此一概念可明確的區分統合之形式開始和實質性的開始。此一概念是在近年才被導入政治學，誠如艾桑尼所說，此一概念當初原本是氣體動力學學者在應用，旋被應用於經濟學領域，後來是W. W. Rostow、杜意奇、哈斯等人取之應用於政治學領域。Ibid., p.66

(48) Etzioni,『The Dialectics of Supranational Unification,』The American Political Science Review, Vol. LVI, No. 4. December 1962, p.931.

(49) Ibid., p.927 ff.

三、統合國家的關係

當統合以國際層面達成時，國家是否仍存在與否？換言之，統合是否能完全超越現存的國家？抑或統合達成後部分國家的形態仍然繼續存在？有關該問題大致可分爲兩派學說，即統合達成後國家未必全然消失以及統合達成後，國家全面消除等兩種學說。有關統合與國家之關係，被認爲是國際統合理論最核心的問題。以下將討論二學說的內容。

杜意奇是代表統合達成後，部分國家形態仍然存在，國家未必全面消失的學說。其見解是從統合達成後，形成的安全保障共同體觀點出發。雖杜意奇和哈斯同樣是站在統合過程說，但其有關統合所達成的共同體與哈斯所主張的政治共同體見解不同。事實上，統合與國家的關係與視統合結果的共同體爲所謂的「安全保障共同體」抑或「政治共同體」二者息息相關。根據杜意奇的主張，所謂安全保障共同體，單純的說即「被統合國民的團體」(1)之意。然杜意奇所謂的安全保障共同體則有兩種型態(2)：①合成型安全保障共同體（amalgamated security community）和②多元型安全保障共同體（pluralisitc security community）有關此兩種安全保障共同體型態之說明如下：

(a)在合成型安全保障共同體中，當兩個或兩個以上具有政治獨立性的國家公開合併或合成一個更大的單位團體後，將以某種共通型態的政府方式成立。

(b)在多元型安全保障共同體中，參加統合的國家，在統合完成後，仍將保留其每個政府在法律上的獨立性（Legal independence）。

故在杜意奇的安全保障共同體中將有兩種型態，即國家消除型和統合達成後國家依然保留之型態。換言之，依杜意奇學說言，統合能否創設具有超國家性質的共同體是關鍵所在；其第一類的合成型即具有超國家的性格，而第二類多元型則不具有超國家的性格。故統合所創設的共同體是否帶有超國家的性格，可說是左右統合與國家關係的重點所在。而在進行分析杜意奇學說之前，擬先討論一下有關「超國家性格」此一專門術語。

哈斯曾詳細分析統合理論中「超國家性格」的特色，該專門術語截至目前為止，則因專門領域不同而有不同的解釋[3]。例如：政治家Konrad Adonanor 認為超國家性格（supranationality）可理解為是對國家主義、國家中心的一種解毒劑[4]。經濟學家H.L.Mayson 則認為是具有前連邦（Pre－federal）的性格[5]，另國際法學家Günter Jaenicke 主張的是擁有來自政府一定的獨立性[6]（eine gewisse vnabhängigkeit），不同於國際政治學家艾桑尼所主張之政府之間的性格[7]（intergovernmental）。因此綜觀上述有關超國家性格的定義，要給予一個明確的定義可說是相當困難。本書依據哈斯的解釋，來闡述超國家性格之定義：接近連邦（federation）原型（proto－type），或者是賦予如同舊政府般新的權威[8]。極端的說，所謂超國家性格，即超越及否定其在於國家體系（nation－state system）基礎下的國家性（state hood）。

至何以杜意奇學說認為統合達成後，仍有國家的部分存在？其根本理由杜意奇未在學說中明白交待，但由杜意奇的統合觀可闡釋一二：

「我們所謂的『統合』，並非一定要各個國民或各個政府機構單位都合併成一個單位[9]。」

如以此觀點來看，合併現存的各個國家，當然未必能導出或實現超國家的共同體。杜意奇僅部分認同安全保障共同體的超國家性格，甚至可說並不重視。而其安全保障共同體的著力點在於透過統合來迴避戰爭的發生。無論合成型或多元型的安全保障共同體，其共同體內部的紛爭均能以非暴力的方法來解決，是形成該共同體的主要目的。如此才能達到「眞正保障」的共同體(10)。統合是相關各國均達到停止戰爭準備的時點才達成的。此乃哈斯、林柏格及杜意奇共同指出的統合的目的所在(11)。

至主張統合完成後，國家將全面消除的學者爲哈斯，哈斯雖與杜意奇同樣是持統合過程說論點，但在有關「統合與國家的關係」方面的見解與杜意奇不同。哈斯認爲統合達成後的共同體爲一政治共同體，與杜意奇概念下的安全保障共同體是完全不一樣的共同體。哈斯的政治共同體，第一不是杜意奇學說所提的合成型、多元型的兩種型態(12)，第二，全面打出超國家的性格。總之，哈斯的政治共同體是具有超國家的特性。其對統合的定義如下：

「**該新中心的政治共同體，擬保有或要求對現存民族國家的管轄權**(13)」。

依哈斯的見解，倘政治共同體保有對現存民族國家管轄權的情況，無疑是具有超國家的性格，即使其要求擁有管轄權的情況也是帶有超國家的性格。至在統合的過程中，有關超國家的性格，哈斯說明如下：

「**所謂統合是將攸關利益的排他性期待，由民族國家轉移至較大的實體（entity）之過程**(14)。」

國民如果把期待國家的心移轉到政治共同體上，並從政治共同體享受利益的話，國家將喪失存在的意義。哈斯稱統合達成的共同體爲「成功的政治聯合」（a successfal political union），其政治連合具有超國家的性格。

「所謂『成功的政治聯合』是完全跨越了向來民族國家體系排他性、均一性的一個組織(15)。」

顯然，哈斯是全面肯定政治共同體之超國家性格，且一旦俟統合完成後，便否定了既存國家的存續。

艾桑尼與哈斯同樣主張政治共同體具有超國家的性格。甚至艾桑尼更強調政治共同體的超國家性格。艾桑尼主要關心的是統合的程度，認爲政治共同體乃最高度統合化的國際體系。亦即主張，一個政治共同體無論在第一、權力獨立方面，第二決策中心的能力和範圍方面及第三、政治的一體性方面，都較國際機構、陣營、帝國等更具有高度化的統合性(16)。而該高度化的統合性格即爲超國家性格。在此艾桑尼使用了「超國家主義」(supranationalism)的概念。所謂「超國家主義」，係指在政治上被統合的構造。艾桑尼認爲，倘比較政治共同體的超國家性格與其他國際體系，其不同點在於具有超國家的構造而乏政府間的構造(17)。

原本艾桑尼對於統合的理論與哈斯不同，甚至該二人對於政治共同體之超國家共同體見解更是不同，但艾桑尼所提到的超國家的性格則頗值得注意。

以上所述爲統合與國家兩大學說，至於要支持那一方？筆者認爲應該是哈斯的政治共同體學說。理由是，第一即統合達成後，既存的各個國家當加入政治共同體後國家便全面消除之論點較爲妥當。第二如此可追求統合本來的意義和目的，而有關統合的意義和目的，到目前爲止統合論學者未必議論完整，可從以下所述理解一二。假設各個國家是依序並立存在，而國際統合的意義是在解決國際緊張關係及國家之間紛爭的主要方法尚未確立的狀態下，試圖創造國際政治的和平秩序以及追求變更國家的體系，藉以發現達成世界和平的新方法。本來國際統合並非達成世界和平的唯一手段，僅止於摸索其可行性之一項有力的手法。因此倘依該統合的意義及目的來看，杜意奇的所謂統合達成後部份國家將仍繼續存在之論，尚欠缺頭尾一貫性。畢竟統合完成後應該如哈斯所主張的只達成超國家的政治共同體而已。

第二個理由，即有必要明確區分所謂的區域主義（regionalism）、國際統合及區域統合。

區域主義誠如Ronald J. Yalem所指，是戰後國際關係中一個特殊的現象(18)，區域主義是國家間在政治、軍事、經濟等範圍促進彼此的合作關係。但該區域主義在國際體系的架構中，完全地發揮其功能，一方面將區域性的國際機構具體化，同時基本上也尊重國家的政治獨立性。如此，區域主義並誠如Norman J. Padelford所分析的，是以民族國家體系爲前提，具有不侵犯共同參與諸國家國家性之特色(19)。所以區域主義並不具有創設超國家的政治共同體及國家消滅理論。

另一方面，國際統合倘無各國積極協助，將無法達成，其理論Elmer Plishke在「現代國家體系之廢棄(20)」一書中即已明白指出。該統合理論與區域統合相吻合。統合的主要目的是創設超國家共同體。因此杜意奇所主張的部份國家之消滅與區域統合及區域主義彼此間的分界線呈現模糊不清，結果恐易造成該二理論的混淆。然倘從戰後區域性集團機構的發展來看，究竟係傾向於區域主義抑或朝向區域統合之目的？是重要的關鍵所在。若無法掌握區域統合與區域主義二者理論上的差異，則很難正確分析該區域性集團機構的發展。

基於上述理由，筆者認爲應該支持哈斯主張之一旦統合完成後將消除現存的國家之學說。

但哈斯的政治共同體說是否亦無問題？如果統合的結果，能成立超國家共同體便無異論。而事實上，統合顯然要經過變更目前民族國家體系之一項長期的過程，復以一舉實施超國家政治共同體亦有其困難所在。在統合過程中如何將超國家性格包含在內，實有檢討其具體方法之必要。統合國家解決學說在該方面的分析之不足。林柏格從決策手續的觀點來看，表示各國在參加統合的過程中，有關國家自治並非以委讓方式而是以共有方式來持續其國家性。因此在統合的初級階段，誠如Jan J. Schokking及Nils Anderson在有關歐洲統合過程的論說中所述，有需參加統合各國承諾一個超越他們國家的機構，但同時仍保有他們國家的實體(21)。

(1) Deutsch et al., Political Community and the North Atlantic Area, op. cit., p.5.

(2) Ibid., p.6.

(3) Haas, The Uniting of Europe : Political, Social, and Economic Forces, 1950 – 1957, op. cit., pp.32 – 59.

(4) Ibid., p.32.

(5) Henry L. Mayson, The European Coal and Steel Community, The Hague, Nejhoff, 1955, p.13.

(6) Günter Jaenicke, 『Die Sicherung des übernationalen Characters der Organe internationaler Organisationen,』 Zeitschrift für Ausläandisches Offentliches Recht und Völkerrecht, Band XIV, NR, 1/e, Oktober 1951, S. 50 – S.

52. 認為政府由①人的構成②意思形成的形式③對加盟國的拘束力及執行力所構成。分從該三要素加以分析。另 Peter Hay 亦表贊同。

Peter Hay, Federalism and Supranational Organizations, University of Illinois Press, 1966, p.5. and Chapter 2.

(7) Etzioni,『The Dialectics of Supranational Unification,』op. cit., p.930.

(8) Haas, The Uniting of Europe : Political, Social, and Economic Forces, 1950－1957, op. cit., p.53.

(9) Deutsch et al., op. cit., pp.5－6.

(10) Ibid., p.6. Etzioni,『A Paradigm for the study of Political Unification』, op.ist., p.69.

(11) Lindberg,『The Political Dynamics of European Economic Integration,』op.cit., p.6. : Haas,『The Challenge of Regionalism,』International Organization, Vol. XII, Autumn 1958, p.443.

(12) Haas, ibid., p.442. 哈斯對德奕修之多元型安全保障共同體曾嚴加以批判。

(13) Haas, The Uniting of Europe : Political, Social, and Economic Forces, 1950－1957, op. cit., p.16 : Hass,『International Integration : The European and the Universal Process,』op. cit., pp.366－367.

(14) Haas and Schmitter,『Economics and Differential Patterns of Political Integration,』op. cit., p.710.

(15) Ibid.

(16) Etzioni,『The Dialectics of Supranational Unification,』op. cit., p.930.

(17) Ibid.

(18) Ronald J. Yalem, Regionalism and World Order, Public Affairs Press, Washington D. C. 1965, P.1.

(19) Norman J. Padelford,『Regional Organizations and the United Nations,』International Organization, Vol. VIII. N02, May 1954, p.21

(20) Plischke,『International Integration：Purpose, Progress, and Prospects,』op. cit., pp.3－5.

(21) Jan J. Schokking and Nils Anderson,『Observations on the European Integration Process,』Journal of Conflict Resolution, Vol. IV, No. 4, 1960, p.388.

四、結　語

至此，我們明白了有關國際統合的基本課題及各學說的展開和對立。

首先，有關統合的定義，應該是以統合過程說或以條件說來加以理解？誠如研究討論所示，還是以統合過程說較爲妥當。然而有關統合過程應該具體地予以理論化之節，主張統合過程學說的學者卻有相當不同的意見。此與研究國際統合的方法論或者是統合方法之問題有關。尤其主張新功能主義方法論的哈斯將統合過程說成爲學說上爭論的焦點統合果眞如哈斯所主張的係從經濟領域層面，經由外溢（spill－over）及政治化過程，自動發展到政治領域層面否(1)？該問題爲統合論者及非統合論者所爭議。姑且不論統合手法，尤其對功能主義有強烈排斥的霍福曼（Hoffmann），誠如上述已討論過，渠就國際政治區分高次元政治「high politics」與低次元政治「low politics」的傳統主義立場已明確地否定統合將從經濟統合自動發展到政治統合。哈斯、霍福曼任何一個見解，是否提供了更多的佐證？R. D. Hansen 在其最近的論稿中亦指出其本質與國際政治有關(2)。哈斯近年來也稍修正以往的見解，但不致於否定其新功能主義的統合過程說(3)。所修正之內容是，經濟統合未必就會發展到政治統合，視情況而定，相反地反易招致分裂（disintegration）。反正上述問題尚未定論，今後有待理論和實證予以解析。

其次，有關統合和國家的關係，筆者曾就杜意奇的安全保障共同體說和哈斯、艾桑尼的政治共同體說予以比較研討。在此姑且以假設論述。杜意奇主張的統合達成後，部分國家將消滅說乙節，倘與國際統合原本的意義對照來看，總覺得不無疑問。另哈斯主張的統合只由超國家的政治共同體形成，且既存的國家將被吸收、消滅的政治共同體說應該被支持才是。而且以「民族國家體系」爲前提，認爲有必要予以區分創設超國家的政治共同體之地域主義和統合，則理應支持哈斯的民族國家體系廢棄說。筆者確實對於杜意奇的安全保障共同體說也有濃厚的興趣，但終究國際統合研究還得依照哈斯超國家的研究手法。如此，依統合目的，即有可能產生變更或廢棄現有的國家體系之可能性。但是，哈斯的學說認爲，在達成統合政治共同體後，除一方面賦予全面的超國家性格外，至於如何變更「民族國家體系」的內容就沒有再深入研究分析。有關此點也許可以導入凱撒（Kaiser）所提的體系研究手法。除了強調統合的超國家手法，有關賦予其超國家性格的政治共同體，尤應投入心力更詳細分析其在創設政治共同體之過程中變更「民族國家體系」的理論化過程。近年來，當初與哈斯同樣站在新功能主義方法論的林柏格，開始將體系分析手法導入國際統合的研究領域，有關國際統合研究尚存有下列問題(4)。亦即凱撒（Kaiser）所指的，有關統合成立的要因，尤其是外在要因的分析以及適用於低開發區域的統合手法等相關考察顯然不足(5)。甚至可嘗試研究國際統合對全球化的觀點展望(6)以及阻礙國際統合的要因為何等問題，尚有諸多領域仍有待研究。有關上述問題，容留待第五章分析。

(1) Hoffmann,『Obstinate or Obsolete ? The Fate of the Nation－State and the Case of Western Europe,』op. cit., p.882.

且凱撒（Kaiser）區分高次元政治「high politics」和低次元政治「low politics」之主要目的，並非在於鞏固國家的政策，而僅止於論及國家的態度行動時才具有其妥當性。

(2) Roger D. Hansen,『Regional Integration : Reflections on a Decade of Theoretical Efforts,』op. cit., pp.249－250.

(3) Hass,『The Uniting of Europe and the Uniting of Latin America,』Journal of Common Market Studies, Vol. V, No. 4, June 1967, pp.315－343.

哈斯在上述的論文中明確地修正自己統合研究的理論。渠承認在說明分析西歐統合過程時有所缺陷，但對其目前功能主義統合理論的核心部分並未全部修正。

(4) Lindberg,『The European Community as a Political System：Notes toward the construction of a model,』Journal of Common Market Studies, Vol. V, No. 4, June 1967, pp.344－387.

(5) Kaiser,『The Interaction of Regional Subsystems,』op. cit., pp.88－89.

(6) 有關國際統合未來的展望，截止目前並非完全沒有嘗試。例如：曾有幾篇論及歐洲統合發展空間及其展望的論文發表且相互對應彼此的見解。Ronald Inglehalt 根據戰後西歐青年的政治社會化狀況，指出歐洲政治持續性的統合運動將產生良好的象徵，認爲歐洲統合具有新的展望。Deutsch,『Integration and Arms Control in the European Political Evironment,』The American Political Science Review, LX, No. 1, June 1966, pp.354－365.；Ronald Inglehart,『An End to European Integration？』The American Political Science Review, LX, No. 1, March 1967, pp.91－105.

第二章　國際統合理論的探討

——行動主義方法論的嘗試

一、序　說

㈠誠如前章所述，當世界大戰後的國際政治刻正膠著於冷戰的狀況，及西歐正致力於政治安定與經濟復興兩大課題的時期，歐洲經濟共同體（European Economic Community）的誕生，成爲國際政治上最受到矚目的現象。此等政治現象乃經過種種變化的過程：歐洲煤鋼共同體和歐洲原子能共同體於一九七〇年合併，於七三年英國、丹麥、冰島等加入擴大EC的發展。戰後歐洲的政治舞台，以具有超越國家性格的EC國際組織委員會爲主，接續地誕生很多具有獨特的政治行爲主體⑴。招集各國參與共同體或形成國際統合的行動不僅止於歐洲一個區域，甚至波及中南美洲、非洲等國，正迂迴嘗試著種種錯誤的變化過程⑵。

這應該說是戰後國際關係的一個特殊的現象。學者們認爲該現象是向「民族國家體系」挑戰而產生的地域統合現象，或者是只限定於經濟領域的共同市場所形成的現象，來闡明其政治動力學（Dynamics）(3)。另外在前面一章已敘述過，學者對統合現象予以理論性的探究，截至目前已有相當程度的成果。然而事實與研究仍有距離，事實現象未必達到研究的程度，反而有阻礙難行的感覺(4)。雖然目前的研究狀態如此，但現實上國際統合是越來越有進展，可激發了我們的研究興趣。

(二)本章針對有窒礙難行傾向的統合理論，從新的視角加以探討、期找出新的途徑。在這裡我們不再對學說詳加探究，而是在既有的統合理論中找出無法分析的問題，以便針對既有的問題做深入之探討(5)，並嘗試展開新的統合理論。其中最值得探討，且最成為問題的，即各國面對國際統合是將採取怎樣的現實行動，俾形成新的政治制度等問題。且何以重視該問題？倘不能分析出統合過程中國家的行動力學，將無法發展國際統合理論研究。

因此本章將依下列順序來探討上述之問題，並以上述問題為主要的探討課題。

首先，擬加以探討截至目前為止的政治統合方法論其妥當性如何？同時釐清統合現象及其他國際現象之間的界線。為何沒有產生政治統合？有必要就所謂的統合現象其背後相反的觀點先投入心力做理論研究(6)；亦即對新功能主義的統合假設繼續研討批評，再依據我們倡導的行動主義方法論予以展開。

第二、即以理論研究手法探討構成國家的行動反應。國與國之間的相互反應作用，在統合的行動過程中，果真是採取一定的行為模式否？另外目前國家所執行的行動模式，如何因參加「統合」而使得國家的行爲模式產生了改變？如果國家因參加統合，其過程中發生了與以前的行動模式不同甚至有所變化，則其變化是因何而生？是在任何的狀況下所產生否？以上各節，是統合研究的新問題？研究分析此一問題之際不應限定僅考察統合系統之內，有必要含蓋局外體系及其與統合系統的關係。

第三、根據第一、第二所述理論擬以「政治距離矩陣」的理論手法（political distane matrix）作數量化的實證研究，試圖找出新的解決之道。

(1)與歐洲統合有相關的政治行爲機構如下：

EC執行委員會（Commission of European Communities）

歐洲議會（European Parliament）

歐洲理事會（Council of Europe）

常設理事委員會（Committee of Permanent Representatives）

該等具有政治行爲主體的機構，其與一般傳統所謂政府間的國際機構，在意義上是相當微薄的，倒不如說是一種具有「多國藉的（multinational）」，或者是「超國家的（Supranational）」行動原理，甚至於該些行爲主體超越加盟國國內某種程度的Subnational的利益，較以往顯現出更具有其組織性。這是國際政治與國內政治彼此的「關係」（linkage）、及超國界（Transnational）的功能，以上均值得注意。有關這方面的研究很多，譬如以理論考察的論文則有：

①Ernst B. Haas,『The Challenge of Regionalism』International Organization, Vol, XII, No. 4, Autumn 1958, pp.451－542.

②Chadwick F. Alger,『Comparison of International and Intranational Politics,』The American Political Science Review Vol. 57, No. 2, June 1963, pp.406－419.

使用歷史組織機構觀點的研究論文則有：

①Michael Palmer and John Lambert et al. European Unity：A Survey of the European Organizations, George Allen and Unwin, London, 1968

(2)歐洲地區以外的國際性統合的動向有：中美共同市場（Central American Common Market）、拉丁美洲自由貿易運合（Latin American Free Trade Association）、東非共同市場（East African Common Market）等等。有關該方面予以體系研究的則有：

(1) Joseph S. Mye, Pan－Africanism and East African Integration, Harvard University Press, Cambridge, Mass, 1965
;

(2) James D. Cochrane, The Politics of Regional Integration：The Central American Case, Tuhane University Press, New Orleans, La., 1969

(3)把「統合」視爲對「民族國家體系」挑戰的政治現象之學者是E、Plichke。其論作有：Elmer Plischke,『International Integration：Purpose, Progress and Prospects,』Systems of Integrating the International Community, Plischke (ed.), D. Van Nostrand Co., NY 1964, PP.3－5

把統合視爲「共同市場所形成之現象」的論文有：Bela Balasa, The Theory of Economic Integration, Georage Allen and Ulnwin, London, 1961；

Lawrence B. Krause, European Economic Integration and the United States, The Brookings Institution, Washington D.C., 1968.

(4) 很多統合研究學者都認同此點。例如：從一九七二年二月至四月間在美國耶魯大學召開的 Inter disciplinary 統合研究研討會，哥倫比亞大學的 D.J. Puchala 教授報告擬打開窒礙難行的研究現狀。有關此點筆者的記憶猶新。

(5) 重要的問題點，可概略分爲下列三點：

一、政治統合的定義問題；

二、在政治統合動態的分析上，必須明確地闡明其獨立變數，尤其是從屬變數（a dependance variable）的確定與兩者的因果關係問題；

三、以實證方式測定政治統合進展度的問題。

Philip E. Jacob and Henry Teune,『Integrative Process : Guideline for Analysis of the Basis of Political Community』The integration of Political Communities, Philip E. Jacob and James V. Toscano (eds.), J. B. Lippincott Inc., N.Y. 1964, PP.3－7.

(6) 理論分析統合現象其否定側面的論文有：

Donald J. Puchala,『of Blind Men, Elephants and International Integration』,Journal of Common Market Studies』

Vol. X, No. 3, March 1972, pp. 267－284.

二、方法論的再考察

1. 行動主義方法論的政治統合

(一)在國際關係波動中，政治統合現象具有何種特色？以及政治統合在本質上與擴充軍備、武器管理、同盟、對外援助等國際事態動向有何差異？

首先，統合理論必須先釐清統合其本身的意義(1)。而有關統合的定義，依據學者對內容掌握的觀點不同而有不同的見解，倘要要求一致的見解恐非易事。因此，要找到對政治統合較有完整的定義及架構（frame work）是相當困難的，換言之，如何根據何種理論方法才能正確地掌握政治統合的現實？

最令人感到興趣的是，在有力的統合理論學家所提出的方法論中，實現政治統合過程之重點在於如何運用和平的手段，以達到各國之間形成共同體的方法(2)。亦即不行使武力，以平和的方式抑制國與國之間彼此的對立，以便達成及維持超國家共同體（supranational community）的過程，則被視爲政治統合。古典連邦主義的方法（federalist approach）即專門在探討國際機構的創設及其制度等課題(3)。相對地，在前面所述的方法論中，著重於共同體形成的目的及手段，以及以回避國際間的政治危險和戰爭爲目的，並運用和平手段來形成共同體的政治過程，即其主要的研究課題。該項方法論，曾在第一章叙述過，例如杜意奇（Karl W. Deutsch）所謂的「安全保障共同體」（Security community），在其歷史研究中即最明白不過。(4)

若依上述方法論，即以「無行使實權的政治統合」爲命題重點時，則所謂帝國的形成（Empire Building）被視爲政治統一的現象，（具體的實例：奧利地＝匈牙利帝國，俾斯麥指揮統治下的德意志帝國），並被排除於政治統合的領域之外。理由是，經由歷史驗證，無行使實權能力者是無法形成帝國的。依照該方法論則當事國的政策如同決定統合過程的性格一般，倘給予一個帶有霸權、強制性意味之統合規象的適當定義，幾乎是不可能的。相反的，由於指標不具強制性，所以隨著統合現象其與其他國際事象之間的界限得以劃定。有關此點，其存在利益之意義是不可否認的。但該統合方法論免不了被批評爲太過理想化，在實際的行動上並無法充分組合各國之間的紛歧意見，且在現實的世界裡，統合成員之間由於權力的分配、領導權等問題而彼此明爭暗鬥，甚至導致統合破裂，陷入嚴重的對立、混亂等可能都隨時存在著。關於此點在統合理論中尤需特別留意(5)。

㈡要掌握統合現象，尤需對於共同體形成過程的內涵深入考察。

新功能主義者(6)哈斯（Ernst B. Hass）在其古典著作（The Uniting of Europe），對於政治統合作以下的論說(7)。

哈斯認爲，形成共同體的核心可視爲將政治行爲主體的忠誠心與其他國家的屬性移轉到一個新的政治機構的一個過程。其分析的重點顯然是放在統合體系內決策精英們的態度及行動，可說是站在精英主義的觀點。哈斯的共同體形成理論，避免只著重於關心外在的制度，亦即所謂「構造性的方法論」之缺點，而傾向於對統合行動面予以實際的考察。然而，正如哈斯所主張的行動方法論，仍有其被否定的界限。原因是，在行動上爲了理解政治統合，理當招致以下的問題。例如當各國進行統合時，其與其他的成員，或者非統合國家之成員當如何變更他們之間的政治關係？很遺憾地該問題仍無充分之解答(8)。

有關本題的重要性，是統合研究者不可等閒忽視的。同樣站在行動主義方法論的B. M. Russett則將「反應」（responsiveness）的概念導入統合理論，擬應用準確率的概念來發展及解決上述的問題。而且Russett視政治統合爲區域內各國對於區域外系統的統一行動，統合了參加國家與非參加國家之間的行動關係係數(9)。

雖然哈斯的方法論有所缺失，且有受到批評的餘地，但其對於統合理論之貢獻亦有不可欠缺且重要的一面。同時在其理論上的一種（penumbra），Russett 的方法論亦將其發揚光大。該兩者是屬於相輔相成，相得益彰的關係。因此倘以亦哈斯的「系統內」（Within－system）爲一分析的基準，則Russett 的「系統外」（External－system）則爲另一個分析，如此構成橢圓球體的一個理論架構，並爲統合理論開拓了新的方向。總而言之，所謂政治統合可視爲體系內各國之間相互作用的行爲模式，並與體系外的行爲主體相互作用的一種行爲模式，且以政治融合爲指標，在彼此的合作協調中發展變化的一項過程。

㈢就上述政治統合的意義，擬再具體說明一下其理論根據。

政治統合成功與否的重要因素在於參加統合國家之行爲模式，亦即是，參加統合之前的排列體系(Random System)發展到具有一定的合作協調秩序的體系之可能性如何?至於如何驗證其從參加統合前的排列體系轉換至合作協調體系，是如何的一個變化的過程，此點頗有困難。但至少在理論上可循下面的方式嘗試。第一，在統合的體系內，每個國家如何從「個人自掃門前雪」的「獨立傾向型」的集團活動轉變至意圖達成共同目標，且被制約的「合作傾向型」的團隊活動的過程。第二，各國因一致性行爲傾向的提高，而發展出統一的對區域外國際體系的對抗勢力。其結果是，參加統合各國的行爲原理與區域外各國的行爲原理相互乖離，而產生顯著的不連續性質。

上述方法論分就參加統合各國之間相互作用的情形適用於分析行動主義，亦可適用於新的研究方法論。該項論點與政治精英視統合理論是由國家的角度提升至超國家水平之觀點不同。爲儘可能達成統合，應不僅止於考慮政治精英個別的因素，尤有必要以更寬廣的視野，將重點放在參加統合各國之間的行動反應樣式。雖說是與行動反應有所關連，但如同使用交流主義方法論（transactionalist approach）的統合理論一般，重點不應只置於經濟交流或者是相互交流的層面⑽，當然經濟交流或相互交流是形成共同體過程一個重要的要素，但對政治統合而言，並非決定性的，且經濟交流或相互交流的擴大亦未必有助於政治統合的發展，毋寧說是該二者之間存有稀薄的因果關係。例如意識型態互異的東西陣營各國之間的經濟交流，以及已開發國家中國家之間以對外援助爲觸媒之例子屢見不鮮。

該項新的統合手法在統合的過程中，必然會造成國家有關行動模式之體系性變化。而在統合過程中所顯示的國家行動反應，必然也會顯現在其對外的政策行動上，尤其對外政策行動之「政治交流」（political transaction）殊值注意。無庸置言，對外政策行動包括貿易、對外援助、同盟及軍力發展等，但就該統合後各國之間相互的反應言，貿易⑾及軍事行動等對外政策行動爲最重要項目，理論上理應列爲最優先順位，但分析的重點則置於國與國之間政治反應的現實面，同時也表現在將對外政策具體化的國家現實的應對中。因之，分析國家之間對外政策有關其彼此的反應和態度，乃是政治統合理論研究之重要課題。

以上的統合方法論對於展開政治統合理論言，主要有下列三點之利處。第一，統合的理論架構本來或多或少被限定在統合體系之內，然後再擴大到體系之外。第二，統合之組織結構則從靜態研究發展到國與國之間動態層面之把握。第三，以該方法論則可以判別諸多類似統合活動的國際現象。

2.對於新功能主義方法論＝「自動性」（automaticity）假設之批判

㈠在政治統合理論中，尤其有關方法論的觀點最引起爭論的是Haas Schmitter model）該模式之「功能性的外溢自動性」（functtional spillover automaticity）假設論廣爲統合研究者所悉⑿。根據該項假設，經濟連合與政治連合的關係被視爲一個連續體（continuum）的關係，亦即從經濟領域出發的統合過程，直線式地發展到政治領域而自動達成政治統合，此爲該項假設之重點。

哈斯曾就該項假設作了更具體的說明，認爲共同體在經濟領域共同協調之各項決定遠較各加盟國的重要政治議題爲優先。同時，各加盟國之間易引起爭論的各項經濟政策，一方面以針對經濟福利等共同利益之認識爲基礎，另一方面則就經濟統合體其本身自動化的結構，期以超越各加盟國政治行爲主體之意思，並產生一個嶄新的超國家政治中樞。哈斯之理論根據主要來自西歐統合的歷史現實，並舉例說明歐洲經濟共同體的行動軌跡首先是從確定有關煤、鐵鋼等共通的政策開始，進而達成共通的關稅政策及包括共通貨幣之共同體通商政策等階段性的進展，而表現了一種linear progression 的係數關係(13)。

(二)那麼，倘將前述的「自動性」假設對照西歐的統合現實的話，則其理論妥當與否？就結論而言，筆者認爲頗有疑問。因爲就如同參加統合之各國預測該「自動性」的假設一般，倘未改變其行動現實，則不能說可形成該直線式的統合發展過程。在此擬舉一歷史的反證說明，假若該「自動性」的假設，其理論根據之外溢現象是現實上決定統合發展過程之因素，那麼煤鐵鋼共同體（ECSC）成立後之歐洲防衛共同體（EDC）所遭遇挫折之歷史事實該如何解釋？

ECSC與EDC終究是以統合歐洲爲依歸，但該二者之統合現象分明是兩碼事。ECSC之成功以及EDC之失敗說明了其組織結構並不在同一軌道一起運作。ECSC之計畫，其主要目的在於將法國與西德之間的主要經濟資源委由加盟國共同管理，此舉屬於經濟功能領域的問題。而EDC的提案，其主要目的在於共同管理西德重整軍備的項目，在本質上屬於政治軍事功能領域的問題(14)。E

ＣＳＣ及ＥＤＣ之案例，可說是經濟領域和軍事戰略領域在歐洲統合過程的功能面上相互乖離的案例。因之，從ＥＣＳＣ到ＥＤＣ之功能性的外溢過程並不適用於「該自動性」假設之論說。

「自動性」的假設從其他角度看來，則在理論上不無疑問。倘將統合在經濟領域的功能加以區分，姑且認同其在各個階段所產生之外溢作用，則以此類推至政治領域時將會產生問題。該項假設如同哈斯就「經濟勝過政治」之命題一般業經獲得默認(15)。但是在戰略政治目標勝過一切的國際關係方面，上述之命題恐不易單純地予以合法化。亦即硬體的政治（防衛戰略）不易轉換爲軟體的政治（福利、援助），其間存有難以飛躍的斷層。就如同經由區分高次元政治與低次元政治，對統合的「自動性」假設提出尖銳批判的霍福曼之論點已如前述，皆是偏重於國家戰略行動(16)。

「自動性」假設如此在理論和實證方面存有頗多疑問，充作統合政治理論尙嫌不熟(17)。而從經濟領域延伸出之統合有否爲政治領域完全繼承？該項問題以功能性的外溢手法仍無法充分解答。而且作爲該假設方法論前提之政策領域之功能區分，乃是解析統合結構的一個重要的項目，更重要的是必須先研究統合過程中各國之間相互反應之特色如何。

(1) 有關政治統合的定義引發了學者之間激烈的爭論及歷史的糾紛。在此擬引用布查拉在當時的論述予以說明。據氏言，統合研究者的苦惱與「盲人與象」的寓語相類似。即大多數的學者並無法掌握統合的全貌，結果僅止於觀念性的分析而非實態性的把握。Donald J. Puchala,『Of Blind Men, Elephants and International Integration,』op. cit., pp.267－268.

(2) 強調該論點的例如 Puchala，『The Pattern of Contemporary Regional Integration，』International Studies Quarterly，Vol. 12，No. 1，March 1968，p.41.

(3) 連邦主義式的研究手法之特點及其問題，哈斯的分析最具參考價值。該研究手法太過於重視「制度的形式」(institution building)，另對於連邦國家及地方間權力的分割等靜態面的問題亦關心過度。Haas，『The Study of Regional Integration ：Reflections on the Joy and Anguish of Pretheorizing，』International Organization，Vol. XXIV，No. 4，Autumn 1970，pp.624－625.

(4) Karl W. Deutsch，et al.，Political Community and the North Atlantic Area ：International Organization in the light of Historical Experience，Princet on University Press，Princeton，. J.，1957.

(5) Amitai Etzioni，Political Unification ：A Comparative Study of Leaders and Forces，Holt，Rinehart & Winston，Inc.，New York，1965，chap. 2，chap. 3.，esp.，pp.44－47. ；Etzioni，『The Epigenesis of Political Communities at the International Level，』James N. Rosenau（ed.），International Politics and Foneign Policy ：A Reader in Research and Theory，The Free Press，New York，1969，p.349.

(6) 新功能主義（neo－functionalists）係由 Heon N. Lindleg，Phillipe c. Schmitter，Joseph s. Nye 以及 Suant A. Scheingold 等學者所形成。該主義之研究手法係由創始人 David Mitrang 的理論出發逐漸修正而成。David Mitrany，A Working Peace System ：An Argument for Functional Development of International Organization，Oxford University Press，London，1943. ；Haas，Beyond the Nation － State ：Functionalism and International

Organization, Stanford University Press, Stanford, Calif., 1964.（本論點請參考第一章第二節）David Mitrany 的功能主義理論認爲，各功能機構形成政治共同體，終其極爲達成世界政府，世界和平的目標而強調該成員的普遍性格。相對地，哈斯的新功能主義理論係以成員的區域性格爲基礎，將重點放在經濟功能方面。有關比較該二者研究手法互異之論述如後：Paul Taylor,『The Concept of Community and the European Integration Process,』Journal of Common Market Studies, Vol. VII, No. 2, December 1968, pp.83－101.；Andrew Wilson Green,『Review Article：Mitrany Reread with the Help of Haas and Sewell,』Journal of Common Market Studies, Vol. VIII, No. 1, September 1969, pp. 50－69.；Robert J. Lieber,『Interest Groups and Political Integration：British Entry Into Europe,』The American Political Science Review, Vol.LXVI, No. 1, March 1972, p.58.

(7) Haas, The Uniting of Europe：Political, Social, and Economic Forces 1950－1957, Stanford University Press, Stanford, Calif., 1958, p.16.

(8) 尤其重視統合與局外體系間之問題，並從體系論的立場論述的有 Karl Kaiser,『The U. S. and the EEC in the Atlanctic System：The Problem of Theory,』Journal of Common Market Studies, Vol. V, June 1967, pp.388－425.；Kaiser,『The Interactions of Regional Subsystems：Some Preliminary Notes on Recurrent Patterns and the Role of Superpowers,』World Politics, Vol. XXI, No.1, October 1968, pp.84－107.

(9) Bruce M. Russett,『Transactions, Community, and International Political Integration,』Journal of Common Market

Studies, Vol. IX, No. 3., March 1971, p. 243. ; Russett, International Regions and the International System : A Study in Political Ecology, Rand McNally, Chicago, 1967, pp. 95-96.

(10) 主張因經濟交流及溝通的增加而與政治統合的發展形成因果關係，亦即對於交流主義研究手法（transactionalist approach）之相關性提出批判者，例如 Hass,『The Study of Regional Integration,』op. cit., p.627. ; Joseph S. Nye,『Comparing Common Markets : A Revised Neo-Functionalist Model,』International Organizaion, Vol. XXIV, No. 4, Autumn 1970, p.805.

(11) 西歐經濟交流增加，尤其是區域內貿易量的增加現象均可視作歐洲統合的過程。（根據數據分析該等區域貿易的比重在一九五八年至六九年曾快速地由28%成長至48%）概可說明係各加盟國間的「經濟性的相互依存」（economic intterdependeuce）提升了，卻未必可反映到「政治性的相互依存」（political interdependence），甚至亦無關於政治統合的進展。西歐經濟交流的擴大，尤其是區域內的貿易量增加是歐洲統合過程的傾向。但各加盟國之間經濟的相互依存昇高並未意味其直接反應於政治的相互依存，且與政治統合的進展無直接關連。

(12) 「自動性的假設」先始於哈斯舒密特共同論述的論文，後由舒密特予以體系化。Haas and Schmitter,『Economics and Differential Patterns of Political Integration : Projection about Unity in Latin America,』International Organization, Vol. XVIII, No. 4, Autumn 1964, pp. 705-737. ; Schmitter,『Three Neo-Functional Hypotheses About International Integration,』International Organization, Vol. XXII, No. 1, Winter 1969, pp. 165-166.

(13) Haas, The Uniting of Europe, op. cit., Part III8, Hass, Beyond the Nation－State, op. cit., Part I2.

(14) 有關此點的歷史性研究例如 Daniel Lerner and Raymond Aron（eds.）, France Defeats EDC, Praeger, New York, 1957.

(15) Haas,『Technocracy, Pluralism and the New Europe,』A New Europe, Stephen Graubard（ed.）, Houghton Mifflin, Boston, 1964, p.71.

(16) Stanley Hoffmann,『Obstinate or Obsolete ?The Fate of the Nation－States and the Case of Europe,』Daedalus, Summer 1966, p. 822ff.

(17) 有關自動性的假設缺乏歷史實證性之論說如次：「歐洲人的統合戰略予波及效果高度的評價，例如歐洲人主張，倘共同體該六國採取共通的政策，則勢必影響其他的對外政策領域也要採取同一個步調。但倘由法國杯葛之舉產生了歐洲共同體危機等現象看來，經濟統合並無法提供歐洲人所分析的說服力。」Miriam Camps, European Unification in the Sixties：From the Veto to the Crisis, McGraw－Hill, Inc., New York, 1966, pp. 116－117.

三、政治統合的動態性

1.相互反應的特色和合作的行動

㈠在面臨政治統合的動態時，每個國家一般很少採取合作的行動。往往是呈現競爭的行動。而國家之間政治的相互反應是在合作與競爭的行動中錯綜複雜地展開(1)。此種現象看似自然，而事實上，在該等複雜的情況下，富含著國際政治力學的基本法則。

然而，在政治統合現象中每個國家的行動模式應如何掌握？雖有各種情勢存在，但把握統合遠較競爭體系、合作體系更需注重內涵(2)。國與國之間的合作體系正如其他國際現象，其內容及性格是否統合或非統合絕然迴異。在此擬繼續探討該兩者之間的差異，並以爲國家之間相互反應的基礎，以便探討統合的動態性。

政治統合正如聯邦主義所示的方法論，是可以超國家共同體的形成及制度化的觀點來掌握。該項前提本身無誤但問題不在於制度及權力的構成，而是每個家何以參加超國家性的共同體，並且在形成共同體的過程中有何動態性的行動變化？此爲問題之重點所在。另在目前的統合理論中，甚多並不十分探究統合過程中國家之間現實的相互反應程度，亦即對國與國之間在合作與對立，錯綜複雜且微妙關係中的行動發展，探討並不充分。

各個國家何以對政治統合有所期待？其動機爲何？其理由是，各個國家期待形成共同體後彼此的政治報酬。事實上，西歐的EC各國，除了期待其相互的利益（確保安全保障、促進經濟繁榮，同時提昇國家的政治威信等利益）之外，也意識到統合的必要性，必需儘快形成一個超國家性的政治共同體(3)。屆時對每個國家而言，相互的政治報酬非得勝過相互的政治罰則（political penalty）一等不可。

統合的行動原理，是與競爭風險、恐怖的均衡極端並立於國際政治。倘以優越的軍事作爲對外政策的第一目標，則保持國與國間權力平衡的政治現象，在本質上是與擴充軍備、相互對立及排斥的行動原理相類似。其結果將演變成相互處罰違規，此與政治統合現象是互不相容的(4)。

如果進一步來看該理論，政治統合並非遊戲（game）理論中所謂的零和遊戲「Zero－sum」，而是具有非零和「non－zero－sum」的性質，同樣地也具有非零和「non－zero－sum」性質的國際政治現象(5)。例如：同盟現象和統合行動該二者有何差異？

無論同盟或統合均以各個國家派對之間協調合作的行動爲前提。但是同盟是基於抵抗第三國而產生的軍事合作關係，其活動範圍有所限制。另一方面，在統合上，促成各國協調合作以便形成共同體的要因，可說是社會的連帶條件(6)（即具有共同的歷史經驗、共同的社會遺產、共同的文化）。而同盟，尤其是軍事同盟，除了因存在來自第三國（或是國家群）的威脅之前提條件外，未必需要具有國家統合等共同的社會連帶條件。尤其軍事同盟，一旦對外威脅的前提條件消失，則存在的價值也隨之消失。另外，軍事同盟方面，同盟國不因合作而失去國家的管轄權；相對地，政治統合則是以形成超國家的共同體爲目的，理當失去政治性的管轄統治權。因此，如Christopher Balden 所指出，統合和同盟在外觀上，國與國之間彼此反應的行動雖具有類似性，但在實質上則大不相同(7)。

那麼在政治統合方面，合作行動之具體架構，在理論上有何特色？關於此點，Donald J. Puchala 提出以下的假設：亦即，如果是往政治統合發展的話，則各國之間的合作行動比重將較競爭的相互作用增加，結果會超越國界的程度，並提高政府和國民彼此相互關心的程度，因此各國將由相互猜疑的關係發展成信賴的關係(8)，雖然是一個假設，但仍存有若干疑問，即何以統合一直徘徊在Puchala 所說的發展過程？另外，即使暫不論及其發展過程的因果關係，則應如何以實際的狀況實證該等假設？統合各國的行動，在理論上是從競爭關係朝向合作關係發展，但如要找出測定其流動變化過程的基準是件困難的事。

㈡有關測定基準的問題，擬留待後述，在此擬先就有關統合合作行動及其具體架構的特質，研究探討一二。

每個國家在統合的過程中倘將無法解決之紛爭，導入紛爭控制架構，果眞可以提升相互合作的行動品質否？此爲筆者所提出的假設(9)。又何以擬在統合理論中討論紛爭控制及解除等新的體系模式（system Model）？其理由是，在統合的背後有必要注意紛爭的突發狀況。尤其國家之間的利害衝突乃是國際政治經常發生的現象。但這才是衡量統合的要素尤其應該重視該等否定要素，才有可能解析統合獨自的行動體系。

至於何謂「紛爭控制架構」（Conflict control mechanism）？該架構並非意味在統合過程中，在制度上控制國家利害衝突的政治權威；也非意味著以制度或是機構的型態存在，而是以合作關係爲基軸，俾「展開統合國家間多角行動的體系」。該等架構，是以種種的方式（trade－off、調停、或者是調整的方式）和平有效地控制國家之間的利害衝突。其次，該體系模式發揮功能的條件另可歸納爲下列三項要因：

⑴即使各國之間有利害衝突，但衝突對立的程度至少不引起統合夥伴（partner）之間產生重大的分裂現象（例如：組織成員的實質解體）

⑵各國之間的利害衝突，可藉由各種第三者，如Transnational的合作網脈（例如：超越國界的國際性組織政黨，利益團體的合作提攜）來協調。

⑶國家之間的利害衝突，可藉由達成統合共通目標的共同政策予以淡化的情況。

其次，擬探討有關解決紛爭的機制（mechanism）（Coflict resolution mechanism）。解決紛爭的機制在體系上是更進一步的發展階段。國家之間的利害衝突，一方面因有統合夥伴成員之間明確的協定（不是默認），減少了其衝突的程度，另一方面可透過超國家（transnational）行為主體的功能確實解決其衝突關係。

解決紛爭的機制是達成政治統合發展的理想模式之一。倘與控制紛爭機制的功能比較，則具有下列的特色：

⑴參加統合的國家對其本身的國家利益（national interest）各有其規則制度，（較控制紛爭機制之情況）更能顯著地發揮其功能。

⑵超國家（Transnational）行為主體對消除國家的利害衝突，可以發揮其重要的功能。

⑶統合成員之間的分裂現象，幾乎至難以發生的狀況。

如此，消除或解決及控制紛爭的合作體系可謂是構成政治統合動態的核心。但該合作系統何以可以成立在統合的過程中？就結論而言，統合過程的起因，在傳統的國際政治上至少具有兩層不同的意義。

第一，在統合過程中的政治遊戲，一般異於傳統的國際政治遊戲，亦即只以國家政府爲遊戲的對手（player）。換言之統合的政治遊戲，除政府機構外，各式各樣的超國家機構均具有遊戲對手的資格，並可與政府同時參與統合路線，此爲其一大特色⑽。同時因有新的遊戲對手參與，其行動就不局限於僅止於追求國家利益，因此產生了網狀擴大的政治效果。故超國家行爲主體處此情況，當能緩和國家之間的利害衝突，亦即可發揮及扮演Buffer 的功能與角色。因此，隨著超國家行爲主體其角色功能發揮之成功與否，淡化了國家之間彼此嚴肅的衝突關係。關於此點，K. Kaiser 亦分析認爲，統合是具有超國家型的政治特性，其政府及非政府機構當繼續各自遵從獨立的行動理論，但整體而言，是以達成統合爲其共通目標⑾。

第二，在統合體系中，一般而言是不導致任何政治抗爭或武力衝突，避免造成所謂的破滅狀況，而是具有和平解決導向及發展可能性的特色。該特色可說是與一般傳統的國際政治動態（dynamics）也不同⑿。（這並非絕對否定統合系統內競爭活動的可能性，僅止於推論有無軍事上衝突的可能性）也只有在該等政治環境，才能促使統合的遊戲對手，發展彼此的合作行動，團結一致朝向解決紛爭的統合目標。

2. 對外政策行動的理論類別

以下擬分析前述之控制紛爭及解決紛爭之體系模式，以及討論該體系如何發揮統合國家對外政策行動的功能？

首先，統合的對外政策行動可大致分為㈠控制紛爭行動和㈡解決紛爭行動兩類。所謂控制紛爭行動是指，無論利害衝突如何，藉由機制控制彼此的trade－off、調停及協調國家的利害等予以過濾，從國家雙方之間的相互反應作用，去除暴力型態的一種行為模式。另一方面，在解決紛爭的行動上是以非暴力性的控制國與國之間的利害衝突，並依當事國之間的和平示意，完全地解決紛爭的一種動態行為。

前者的行為模式，在很多國家的對外政策領域裡，仍然存有競爭性的行為。因此依情況而定，可能招致統合系統的部分分裂現象。但還不至於造成國家之間直接的衝突，此為行動模式（patterm）的特色⒀。另一方面，後者行為模式的特色是無論國際情勢如何變化，國與國之間的合作行動基本上是不變的，且理論上亦不致於引起統合體系的分裂。

從政治統合發展的觀點比較該兩種行動，後者的解決紛爭行動當較前者的控制紛爭行動，更具有高效用性（utility）的功能。因此我們導出下列的假設，即有關對外政策領域或國家間的相互反應，如果解決紛爭行動較控制紛爭行動在頻度及範圍方面顯著作用時，則政治統合將可更上一層地朝合作的體系發展。如果一個國家開始按照控制及解除體系行動，則該體系有存在價值。統合體系和國家的控制及解除行動的關係，基本上是一體兩面的。

㈡那麼實地區別上述該兩種類型的對外政策行動的理論基準爲何？基準可從一個國家爲達成統合的共同目標而對他國的「政策反應」（policy responses）或者是「政策態度」（policy attitudes）裡獲得⒁。爲了達成政策目標，政策反應（或者是政策態度）可分爲「合作的政策反應（態度）」和「不合作的政策反應（態度）」。試舉例說明該基準的適用性。例如：當A國提出某統合政策（例如：成立防衛共同體的政策），其他B、C、D國的成員對此提案表示合作的反應（態度）。同樣的，對B、C、D國提出的統合政策提案，每個成員國都表示合作的反應（態度）。

在本案例中，在A、B、C、D國之間並無不合作的反應，或者合作的反應。該合作的反應，在理論上是有可能的，係統合對外政策行動的理想型態。然而，在現實上有關對外政策的反應，乃是綜合合作與不合作的無數組合，而國家之間的相互反應則無法如案例所示如此簡單。因此在統合的過程中，爲了達成共同的政策目標，當儘可能排除不合作的反應，提高合作的反應。故合作反應倘能呈現連續性、安定化的傾向時，在統合的過程中，控制紛爭的行動便可朝向解決紛爭行動。如此政策反應（態度）之模式即可能與對外政策行動之模式相連結。

㈢有關對外政策活動和政策反應之間的關連，實有必要補充更多的理論。首先必須指出下列三點論點。第一、談到對外政策行動，有必要從各個國家間的Bargaining的側面來考慮。問題是，統合國家之間看得出來的Bargaining 是促進控制紛爭行動之功能抑或可更進一步地解決紛爭行動？關於該論點，到目前爲止學者們尚未充分研究，但從有限的資料來看，隨著超國家行爲主體參與統合程度的提高，多少對Bargaining 有所影響，因此對統合的進展具有正面的作用(15)。誠如前述，超國家的行爲主體並非可左右特定國家的利害，而只對統合的發展有所作用，並緩和國與國之間嚴肅的政治危機等功能（例如：歐洲共同體委員會，在一九六三年至六五年協調法國和其他加盟國之間的衝突（即所謂馬拉松政治危機，發揮其協調功能）。因此，超國家行爲主體的協調功能，得在各國之間展開Bargaining，並增加其功能，可說具有潤滑劑的功能。

第二、對外政策活動，尤其在統合過程裡，與所謂「共同政策的決定」（joint decision making）間之關連有必要予以考察。Lindberg－Scheingold 主張「有關統合共同政策決定的過程，每個國家均具有相對的重要性」，從政策決定和管理面說明了歐洲統合的特異性並提供了分析對外政策行動上、共同政策決定及管理問題的一個重要的視點(16)。這裡所謂的問題，係指決策的方法是從以往的國家獨占型演變到新的共同獨占型並變更了統合的體系，及促使控制紛爭或解決紛爭帶來正面的效果。但該系統的變更，即使才剛剛誕生在已發展統合的西歐，其實效性將成爲未來研究的課題。

第三、有必要從所謂「政策的重要性及顯著性」（policy salience）的觀點來檢討對外政策行動。理由是，視政策反應的情況，其與政策本身的重要性及顯著性並無關連，因此並無法正確掌握。另政策的顯著性和重要性當相對地因應具體的政治狀況而有所決定，當然是無法憑先前的經驗而下決定。

例如：不能說高次元政治「high politics」較低次元政治「low politics」更具有重要性和顯著性。即使是放棄國家的威信，以獲得經濟上的實際效用，對其國家而言當較具有重要性和顯著性。如許多開發中國家即採取該一政策。在與對外政策行動有關的重要課題是，在統合過程中，如何實證一項可阻止控制紛爭及解決紛爭行動之政策領域。

(1) Donald J. Puchala, International Politics Today, Dodd, Mead & Company, New York, 1972, p. 7.

(2) D.J.Puchala 認爲政治統合下國家之間互動的特色主要是表現在互助上而非競爭上，並將其理論化。可參考第三章第二節第一項。

(3) EC 各會員國爲了彼此的政治利益而加入歐洲共同體的說法，無論各政治家曾表明政策，在客觀上已是不爭的事實。Charles Pentland, Integration Theory and European Integration, Faber & Faber LTD, London, 1973, esp. Patr I (5) .";Francois Duchene,『The European Community and the Uncertainties of Interdependence,』A Nation Writ Large ? :Foreign – Policy Problems before the European Community, Max Kohnstamm and Wolfgang Hager (eds.) , The Macmilian Press LTD, London, 1973, pp. 1 – 21.

(4) Puchala, International Politics Today, op. cit., p.6.

(5) Puchala,『The Pattern of Contemporary Regional Integration,』International Studies Quarterly, Vol. 12, No. 1, March 1968, pp.47 – 48.";Joseph S. Nye, Jr.,『Comparing Common Markets,』op. cit., p.819.

(6) 有關共同體的社會性連動與統合的政治性發展兩者之間的關聯性方面，學者們將主要的 Communication 理論導入統合研究中共同進行研討。Karl W. Deutsch et al.,Political Community and the North Atlantic Area, op. cit., pp.22－69. Deutsch, Nationalism and Social Communication：An Inquiry Into the Foundations of Nationality, M. I. T. Press, Cambridge, Mass., 1953, pp.60－126.

(7) Christopher Balden,『Alliance and Integration,』Alliance in International Politics, Julian R. Friedman, et al. (eds.), Allyn and Bacon, Inc., Boston, 1970, p. 126.

(8) Puchala,『The Pattern of Contemporary Regional Integration,』op. cit., pp.47－48.

(9) 將紛爭的力學從社會學的團體理論（特別是從階級對立觀點）的立場來論述的有 R.Dahrendorf 的研究。Dahrendorf 指出，紛爭的因應階段有三個，分別是 resolution, suppression, regulation。並分析其中紛爭的法則（regulation）帶有社會學的意味，可說是與「紛爭控制」系統模式的構想是接近的。Ralf Dahrendorf, Class and Class Conflict in Industrial Society, Stanford University Press, Stanford, Calif., 1959, chap. VI, esp, pp. 223－231

(10) 對於超國家行爲主體及超國家關聯著著有理論性、實證性的優越研究者爲 Joseph S.Nye, and Robert O. Keohane (eds.), Transnational Relations and World Politics, Harvard University Press, Cambridge, Mass., 1970. 與歐洲統合有關聯者，特別是歐洲共同體執行委員會以超國家行爲主體的立場，發揮特異的角色功能。譬如在一九六〇年代初期英國的申請加入會員國、共同農業政策問題以及爾後的強化執委會的財政基礎等事件所引起的政治危機，歐洲共同體執行委員會應用動議權，充分發揮居間協調的角色。但在執委會內部也會因超國家主義理念的堅持與否，產生意見衝突。舉最近的事件案例言，執委會的會員 R. Dahrendorf 會堅決反對「超國家」的歐洲共同體構想便爲一例。其主張在西德雜誌上以匿名發表，內容簡約，主張歐洲的統一應借助有力的國家推動。該匿名發表論文爲『Ein neues Ziel für Europa』(Zeit, Nr. 29 – Seite 3, Juli 20, 1971)。對於 Dahrendorf 的見解會發表論述的則有 The New York Times, October 3, 1971.

(11) Kaiser,『Transnational Relations as a Threat to the Democratic Process,』International Organization, Vol. XXV, No. 3, Summer 1971, p. 710

(12) 主張權力主義的學者當中，有人對於無武力抗爭的統合方式表示質疑。如 Inis L. Claude, Jr., Power and International Relations, Random House, New York, 1962, pp. 214 – 215.

(13) 統合國之間的競爭行動產生，同時與局外的國際體系，特別是超大國之間的關係勢必會發生，由於各國對於超大國的依賴程度（EC 各國與美國的關係）不同，也會導致不同的外交路線，可說是統合體系內一種競爭行動的反應。Nye,『Comparing Common Markets,』op. cit., p. 820

(14) 嘗試設定行動主義模式作爲政策反應下所定的對外政策行動之區別基準大作有 P. T. Hopmann,『International Conflict and Cohesion in the Communist System,』International Studies Quarterly, Vol. Ⅱ. No. 3, September 1967, pp. 212 – 236.

(15) 與該論點有關且興趣盎然的論文有 Stuart A. Scheingold,『De Gaulle vs. Hallstein : Europe Picks Up the Pieces,』The American Scholar, Vol. 35, No. 3, Summer 1966, pp. 474 – 488.

(16) Leon N. Lindberg and Stuart A. Scheingold, Europe's Would – Be Polity : Patterns in the European Community,

Prentice－Hall, Inc., New Jersey, 1970, pp. 65－67.

四、「政治距離」—Matrix 理論

㈠當各國從詭譎多變的國際環境中，形成具有特定行動秩序的國際環境之政治現象，便是所謂的政治統合。國家的行爲模式進入從紛爭控制到紛爭排解的系統性發展階段，在互助中求穩定。

政治統合的理論建構是以行動主義方針爲基礎，但尚有一個重要問題未在該理論化的過程中解決。問題在於對外政策如何測定各統合國之間的互助程度。爲解析該論點，筆者曾在序論中提及，亦即就統合理論而言，有必要導入各國之間「政治距離」（Political distance）的觀念。

所謂「政治距離」在統合的架構中，將如何定義？簡言之，乃是反映各統合國之間互助行動中其中之一項。互助行動在各項對外政策領域中，充作國與國之間相互作用的一環並將其具體化。基此前提，測定各國之間互助程度的指標—各變數的集約值（aggregation）可將「政治距離」數量化。因此，「政治距離」可使用變數分析予以證實。

㈡「政治距離」的概念被運用之後，擬將各統合國（A、B、C……）間所存在的「政治距離矩陣」（Political distance matrix）現象，用數理論予以探討。

如上所述，對外政策領域中各變數的測定是可行的，根據該數理論分析列舉的政治指標當中所顯

示的變數（Variables）得知該政治指標爲「對外政策態度」、「對外政策目標」及「國際機構的參與度」等。擬以「各相關國家針對某一共同對外政策的態度」爲一變數，充作分析的案例。

(1)我們假設提出共同政策議案者，非爲統合國而爲超國家（Transnational）機構之情況，試舉例如下，假定加強歐洲共同體執行委員會行政權限及功能之政策，爲某一超國家機構所提出的。對此，各國的反應可分爲協助與非協助（cooperative or non－cooperative）兩種立場。其態度數值（attiude value）代表非協助態度的爲「0」；代表協助態度的爲「1」；及介於中間立場的爲「1／2」。持協助態度（＝1）者，意味A國對於上述的共同政策表贊同；非協助態度（＝0）者，表示B國反對；中間態度（＝1／2）者意指C國棄權。此案例可運用「政治距離Matrix」做成表1。

表1　政治距離Matrix

國　家

國　家	A	B	C
A	1	0	$\frac{1}{2}$
B	0	1	$\frac{1}{2}$
C	$\frac{1}{2}$	$\frac{1}{2}$	1

（①之例）

(1)i國到j國的政治距離等於j國到i國。因此，可參考對稱性（symmetric）的例子。以下的matrix也同樣爲對稱的性質。

(2)二國之間的態度數值可分成9組，於此，設定了如下的規則。

(a)二國若有一方或是雙方數值皆爲1/2的話，其政治距離便以1/2來測量。

(b)二國的數值若皆爲1或是0的話，該二國間的政治距離以1來測量。

(c)二國間一方的數值爲1，另一方爲0的話，其政治距離以0來測量。

(2)假設提出提升統合標準之對外政策者爲統合體系內A國的情況，B國同意該統合政策而C國反對，那麼可肯定B國的態度是協助A國的，而C國對A國（同時也對B國）採取的是非協助的態度。因此，三國之間的「政治距離」可以表2來顯示。

表2　政治距離Matrix

國家	A	B	C
A	1	1	0
B	1	1	0
C	0	0	1

（②之例）

(3)前述的態度數值，也可適用於統合體系以外的N國所提出的對外政策，A、B、C等國所反應的情況。假設美國提出統合的獎勵政策，而A、B、C各國的反應互異。A國持反對態度；B國持贊同態度；C國持中立態度，則三國之間的「政治距離」Matrix可作成表3。

表3　政治距離Matrix

國家	N	A	B	C
N	1	0	1	$\frac{1}{2}$
A	0	1	0	$\frac{1}{2}$
B	1	0	1	$\frac{1}{2}$
C	$\frac{1}{2}$	$\frac{1}{2}$	$\frac{1}{2}$	1

（③之例）

以上(1)(2)(3)3個例子是根據各統合國對個別的政策提議案的相互反應，而完成了「政治距離」Matrix。以同樣的方式也作成多數的Matrix，但每一年度爲使多數的Matrix還元成單一的Matrix，必須導入如下的計算公式。（在此情況測定須使用數學方法計算，至有關「態度、政策」等變數的資料也需視實際需要爲前提(1)。

公式(1)

$$X_{t \cdot ij} = \frac{\sum_{p=1}^{p} X_{tpij}}{P}$$

i及j爲A、B、C……N等國
t爲年數
P爲對外政策
X_{tpij}爲態度數值
(cf. $0 \leqq X_{t \cdot ji} \leqq 1$)
至於變數的位置可由以下公式測得。

公式(2)

$$V_{t \cdot ij} = \frac{\Sigma p \ (X_{tpij} - X_{t \cdot i})^2}{P}$$

以此類推可將t年的「政治距離」Matrix如表4顯示出來。

如上述的Matrix每年各可完成一個。運用上述公式所得出來的Matrix，相互之間的比較可看出統合國家之間「政治距離」的變化「即「協助程度」的變化）。但是，Matrix的比較並非易事，如何將每個Matrix還元，還有待嚴謹的討論才可完成。即使可行，也難免在還元過程中冒有喪失情報（loss of information）的風險。觀察歐洲共同體的案例，加入美、蘇兩國，各Matrix的行數及列數也只是11（＊1973年）而已。同時可運用幾何平均的$\sqrt[3]{Xt\cdot ab\cdot Xt\cdot bc\cdot Xt\cdot ca}$為統一指標。為避免前述之風險，計算非統合國的美、蘇之間的「政治距離」時，要儘量避免此幾何平均算法。

表4　政治距離 Matrix

國家（columns） / 國家（rows）

	A	B	C	…	N
A	1	$X_t\cdot ab$ $(\sqrt{V_t\cdot ab})$	$X_t\cdot ac$ $(\sqrt{V_t\cdot ac})$	…	…
B	$X_t\cdot ba$ $(\sqrt{V_t\cdot ba})$	1	$X_t\cdot bc$ $(\sqrt{V_t\cdot bc})$	…	…
B	$X_t\cdot ca$ $(\sqrt{V_t\cdot ca})$	$X_t\cdot cb$ $(\sqrt{V_t\cdot cb})$	1	…	…
…	…	…	…	…	…
N	…	…	…	…	…

(二)上述的「政治距離」Matrix為筆者實驗性的理論。但對於現存的統合理論而言，該行動主義的計量分析法，不失為具有高度可運用價值的圭臬。倘將國家間「政治距離」的接近情況（距離數值為接近「1」者）視為統合運動體系的核心，那麼將「政治距離」Matrix視為某一實證的基礎，則不僅止於經濟統合，甚至政治統合的實現也為期不晚。(2)(3)。

「政治距離」Matrix 理論甚具運用價值。換言之，大部份的Matrix 因每年度的比較分析檢討，概可判辨邁向體系發展的統合運動，是具有紛爭統御行動傾向抑或紛爭排解行動傾向？同時也可就分析Matrix 所顯現的訊息來研判統合國如何循著紛爭統御到紛爭排解行動的軌跡前進？

(1) 關於此點，可蒐集到更多的資訊。倘擬了解更多的共同政策及會員國的政策反應，可由歐洲共同體所發行的刊物中獲得。如，歐洲共同體執委會的年度報告 General Report on the Activities of the Communities 即爲一例。再者從政府的外交聲明及新聞報導中也可得知。

(2) 「政治距離」Matrix 是爲測定政治統合的進度所發展出來的一種方法，因爲過去理論上所提到的測定方法，最主要是從經濟方面的資料整理出來。倘據此參考經濟統合的進度尙屬適合，但在政治統合方面卻不必然。使用經濟上的資料（特別是貿易資料）來測出各國間的「經濟相互依賴程度」，不失爲一良好方法，如 Deutsch = Savage的「R. A.Model」（relative acceptance model）；Russett 的 chooser – chosen 等方法。I.Richard Savage and Karl W. D eutsch,『A Statistical Model of the Gross Analysis of Transactional Flows,』Econometrica, Vol. 28, No. 3, July 1960, pp.551 – 572. ；Russett,『Regional' Trading Patterns, 1938 – 1963,』International Studies Quarterly, Vol. 12, No. 4, December 1968, p. 362.

(3) 各國之間的「政治距離」，每年或有不規則的狀態出現而發生變化。呈「0」集中狀態或維持一定的標準狀態。若各國間「政治距離」接近的話（即指一定期間內呈「1」集中狀態而言），便表示政治統合運動正如火如荼地展開。

五、結　論

正確地預測國家的對外行動是非常困難的一件事。原因在於複雜難測的國際政治因素摻入以及變化多端的國際環境左右所致。即使是極具細密結構的國際政治理論，對於川流不息的「國際氣象」的變數仍無法掌握，依舊陷於不解的深淵。尤其是「國際氣象」的流動性及國家行動的原理該兩者之間的關連性，未能確實地分析，則政治理論將暴露嚴重缺陷。

職是之故，研究政治統合理論的學者在方法論上或許有差異，但重要的是必須確切、嚴謹分析並留意現實上國家行爲的動向。國家行動模式亦是變化多端的「國際氣象」的一種反映。本章將基此問題意識，以期解析統合的行動力學。

政治統合的國家行動係由統合前的無統御狀態發展成體系式的相互協助。本章擬針對本題論述。另可將國家利益產生之不規則性的衝突及無控制體系的國際政治等，均視爲統合現象的特色。倘將大多數的案例予以理論化，便可證實該現象。在此，尤需注意的是國際關係的一股新潮流現象。簡言之，乃是各種超國家的行爲主體之介入國際政治的現象，歐洲統合過程中有爲數不少的超國家行爲主體介入政治，是一種「超國家機構的革命」(1)。在本書後面各章將提到，在這樣的新現象下所展開的統合運動，對於各統合國的行動具有莫大的影響。

在第二章的一個重要的論點，同時也引起統合研究者之間爭議的，便是統合的從屬變數問題(2)。該問題正如截至目前爲止所曾論述的，國家的「對外政策行動」因導入新的從屬變數而有某種程度的解決方案。對外的政策行動係隨著國家具體的政策反應（態度）而異，至在統合的架構中，也是國家之間互助程度的象徵。而試將該互助程度數量化的方法是「政治距離」Matrix 理論。該理論是首次經實證分析的理論，將爲命運多舛的政治統合理論投石問路。

(1) 該國際政治的新潮流，S. P. Huntington 從「超國家機構革命」的角度予以分析。主張與其增加超國家機構的權限削弱國家的權限不如提高國家屬性的價值。Samuel P. Huntington,『Transnational Organizations in World Politics,』World Politics ,Vol. XXV, No. 3, April 1973, pp. 333－368. ；esp. p.363.

(2) 主張確定政治統合的「從屬變數」是困難的說法有 Haas,『The Study of Regional Integration,』op. cit., pp. 630－632.

第三章　國際統合與國家利益

——其理論化之闡釋

一、序　說

㈠國際統合理論正如前述，必須根據觀察冷戰的發展情況，同時包括德法兩國歷史和解之歐洲戰後特殊國際體系，所誕生之歐洲共同體（European Community）的行動過程來闡明其力學，此即國際統合理論之目的所在。

然而，統合理論對於實際的統合現象所提供的分析精密度，以及預測的正確性如何，有人對其理論性產生了上述的疑問(1)。統合理論可降低七〇年代以後的成長及發展速度，並嚐試克服種種理論上的障礙，以期控制該等發展的失速狀況。

然歐洲共同體發展（在一九七三年一月）成爲擴大ＥＣ(2)。其結果，新的政治團體（英國、丹麥、愛爾蘭）的加入組織、擴大了統合系統的網路，也加深了與局外系統接觸的程度。在功能方面，歐洲共同體的政策領域亦從關稅同盟發展到共同市場、甚至發展成貨幣同盟的程度。該統合現象之發展，同時加深了各加盟國家之間利害關係的緊張程度，致使統合的副作用益加顯著。西歐的國際政治就在統合行動與多樣化的國際行動之間激烈震盪。因此，西歐的國際體系可說充滿變數。

有人懷疑：以過去的國際統合理論，恐怕無法充份掌握如此充滿機動性的統合現象。假如該問題的答案是肯定的，則表示過去的統合理論其中應有某一範疇的內容有待重新考察。在上一章中，我們曾提過行動主義入門，當時亦涉獵到此問題；本章擬由另一角度，重新考察其內容。

㈡統合理論必須依據事實分析傳統的國家行動力學導入統合系統後之變化如何，俾以為考察國家利害關係（national interest）時不可或缺的一個重點。但事實上，過去的統合理論一直未列舉出充分的實例充以驗證。關於國家利益，就認知方面言，其本身尚具有許多爭議性(3)。然就行動方面而言，國家利益可謂是決定國與國之間相互反應的客觀要素。一般人多以主觀或規範式的眼光試圖把握國家利益的內容，但無論是以主觀或規範的方式，皆無法完全客觀地將國際間的紛爭實態建立一個可供研討的實例。故必須使用既有的且客觀的研究方式方能辦到。

截至目前，統合理論仍經常迴避國家利益方面的問題，具體而言，例如一直是我們無法完全理解的國際新舊體系(4)以及交錯糾葛的歐洲共同體之發展過程即為一例，此點是無法否認的。普查拉（Donald J˙Puchala）在最近之所以改變研究方向，以期在統合研究中找到新的研究領域，也是在認清上述論點之後才做此決定的(5)。

本章的目的即是再次在統合理論中檢視國家利益的相關問題，期自國家利益的角度追求統合力學的實體。在本章中筆者之所以將分析的重點放在國家利益上，並非擬將國際政治的傳統形象（＝強制手法），亦即將Power Politics Model（＝權力政治模式）當做唯一的基準，據以觀察統合現象；筆者認爲：在統合中，國家利益之問題，應該置於混合了國際政治上新的行動體系模式及傳統的權力政治模式等多樣性的分析結構內加以檢討。話雖如此，新的分析結構仍需視現實世界的實例予以驗證，方可證明該假設是正確的。

基此前提，筆者認爲研究本章主題時必須注意下列三個多元性的結構。第一是跨國性（transnational）的結構。發生統合現象的國際環境，並非是傳統的國際政治所見的封鎖型國際體系；應該是在具有脫國家性行動原理的政治主體與具有國家性行動原理主體兩者交錯混合的複合體系中產生作用。該分析角度之重要性，在統合研究領域中主要是由凱撒（Karl Kaiser）、在相關領域中則由奈因（Joseph S. Nye）及柯翰（Robert O. Keohane）於七〇年代初期所提出(6)。該等結構並不像過去是從同質性的國家行動及單一模式中觀察國家利益，而是從超國家型、脫國家型、類似國家型等比重相異之各種體系交錯而成之接觸領域中，多方把握國家利益之要點。故該結構可謂具有新型分析手法之意義。

第二是相互依賴（interdependence）的結構。該結構當初是由國際經濟領域學者所提出的，其後亦導入國際政治領域中。根據該項結構可以發現，國家利益的力學未必一定採取遊戲理論中「零和

Zero－sum」遊戲所預定之行動體系。換言之，國家利害關係的相互反應，並非必定採取以競爭和排外為行動準則之（零和Zero－sum）現象；有時亦可能採取以相互調整利益之相對性Pay－off行動準則之類的合作形態。摩斯（Edward L. Morse）尤其強調該等相互依賴結構在統合理論中之重要性(7)。

第三個是連結（linkage）的結構。該結構亦非直接經由統合研究延伸出來，而是在其他研究領域中發現該功能之重要性才加以提倡。該結構並不將「國際政治」與「國內政治」的行動體系視為不相關的現象；其分析的特色，就在於試圖將上項兩種行動連接起來，以便於從中發現共通的力學。該理論是由洛斯諾（James Rosenau）於六九年首先加以規劃而成之假設(8)。藉此結構可得知，國家利益並不會導致超級強國對一般國家之類單純的對立作用。一個國家的行動，在世界體系中將會引起複雜的發展現象，並產生分離及融合等連鎖反應。此種結構係將分析重點放在不同政治主體之間彼此的反應上，此點倒和第一個例子跨國性的結構有異曲同工之處。

筆者認為倘以上述三種結構為理論基礎，有利於分析統合力學上之國家利益問題。在過去，學者多持「國家利益＝權力政治模式」等政治過敏症的觀念，並未詳細研討統合理論中之國家利益。在此可找到突破僵局的方法，相信對於統合理論的發展應有莫大的幫助。

故我們根據前述的基本知識，擬先檢討過去統合理論對國家利益方面研究之不足之處，其次再從國家利益的觀點將統合力學模式化，以找出統合的行動體系。

(1)　有關國際統合理論與實際統合現象是否相呼應此點，一直受到極嚴格的檢視，該觀念自七〇年起經由統合研究學者及相關領域研究者的提倡而達成共識。關於統合研究者的自我檢視方面，如：Ernst B. Haas,『The Study of Regional Integration：Reflections on the Joy and Anguish of Pretheorizing,』Intenational Organization, Vol. XXIV, No. 4, Autumn 1970, pp. 607－646.；Leon N. Lindberg,『Political Integration as a Multidimensional Phenomenon Requiring Multivariate Measurement,』International Organization, ibid., pp.649－731. 此外，相關領域（國際體系）研究者方面則有：Louis J. Cantori and Steven L. Spiegel,『The Analysis of Regional International Politics：The Integration versus the Empirical Systems Approach,』International Organization, Vol. XXVII, No. 4, Autumn 1973, pp. 465－494, esp. pp. 480－481.；pp.485－486.

(2) 在七〇年代中，由於歐洲共同體轉變爲擴大EC而使「數量結構」變質，且相互依賴的「作用結構」滲透至EC的內外部之故，使得西歐的國際體系變化更加顯著。另以EC的加盟國增加（「數量結構」）及政策領域的世界化（「作用結構」）——貨幣秩序、資源能源問題——等觀點分析西歐的國際體系變化狀況之研究，包括：Roy Pryce, The Politics of the European Community, Butterworth & Co. Ltd., London, 1973, esp. Chap. 5.；Karl Kaiser,『Europe and America：A Critical Phase,』Foreign Affairs, Vol. 52, No. 4, July 1974, pp. 275－741.

(3) 國家利益在國際政治上是多麼具有爭議性的觀念，相信在此不需再次證明各位都周知。在說明國家行動的動機、目的時，國家利益是不可或缺的分析對象。然對其概念及理論，學者間的意見一直無法一致，其原因在於國家利益其本身即具有多層象徵意義之故。舉例來說，根據霍斯汀的分析，國家利益對於一國的對外政策目標，將在三種不同的層次中發揮作用。其一，即國家在對外行動中應追求的理想總目標——國家利益（＝規範性的象徵)；其二，國家是透過領導者所一貫追求的各項國家目標（＝敘述性的象徵)；其三，對外決策者本身獨斷之各項國家目標（＝主觀性的象徵)。Karl J. Holsti, International Politics ：A Framework for Analysis, Prentice－Hall, New Jersy, 2nd（ed.）, 1972, pp. 130－131. 此外，尚可參閱大畠英樹「國家利益概念之再檢討——試論對外政策三過程模式」(『早稻田社會科學研究』第十七號，一九七七年)。

(4) 所謂新舊不同的國際體系，係指以國家中樞（state－centric）模式爲基礎之傳統國際政治體系和政治團體分裂成政府、非政府兩方，並不斷產生「縱」、「橫」交錯的相互作用之跨國型或多國籍（multinational）型國際政治體系。後者係尚在假設階段的新國際體系模式。然新舊體系的混合現象將帶給國家行動力學何種變化，此亦逐漸成爲統合理論的重要論點之一。Charles Pentland, International Theory and European Integation, Faber & Faber Ltd., London, 1973, esp. Chap. 7.

(5) Donald J. Puchala,『Of Blind Men, Elephant and International Integation,』Journal of Common Market Studies, Vol. X, No. 3, March 1972, pp. 267－284.

(6) Karl Kaiser,『Transnational Politics ：Toward a Theory of Multinational Politics,』International Organization, Vol. XXV, No. 4, Autumn 1971, pp.790－817. ；Joseph S. Nye and Robert O. Keohane（eds.）, Transnational Relations and World Politics, Harvard University Press, Cambridge, Mass., 1970. 奈因＝柯翰之新的分析結構中指出，傳統的國際政治體系（＝國家中樞模式）已無法確實掌握今日國際關係的本質，故一般人對該理論評價頗高。但奈因＝柯翰所提倡之跨國力學之具體內容，二人皆尚未詳細分析研究，而僅止於提出問題的階段。例如華格

納便批評奈因＝柯翰的分析觀點不過是單純地將對問題的關心轉換為理論，並未具體分析跨國力學的種種形態及其影響。R. Harrison Wagner,『Dissolving The State：Three Recent Perspectives on International Politics,』International Organization, Vol. XXVIII, No. 3, Summer 1974, pp. 435 - 466.；esp. pp. 440 - 446.

(7) Edward L. Morse,『Crisis Diplomacy, Interdependence, and Politics of Internatonal Economic Relations,』Theory and Policy in International Relations, Raymond Tanter and Richard H. Ullman (eds.), Princeton Universtiy, New Jersy, 1972, pp. 123 - 150.；esp. pp. 138 - 143.

(8) James N. Rosenau,『Introduction：Political Science in a Schrinking World,』Linkage Politics：Essays on the Convergence of National and International Systems, Rosenau (ed.), The Free Press, New York, 1969, pp. 1 - 17.

二、國家利益在政治統合理論中的重要性

1. 統合力學的批判

㈠當我們在分析統合現象的動態時，我們會發現除了所謂：軍力擴充的競爭、同盟關係的形成，以及援助國外的情事之外，國家利益確實足以決定整個國際體系的發展模式。但是儘管如此，何以統合理論卻一直不被重視？

現在，我們必須探討何以不重視國家利益的原因，以及它在統合理論中的理念。形成統合理論的

理念有三(1)；但是，該三個理念都不能完整概括出統合理論的要義，甚至還互相衝突，並且在發展國家利益時，顯示出矛盾的缺點。因此，我們將以國家利益的發展爲著點眼，逐一檢討該三個理念的缺點。

首先擬檢討聯邦主義（federalist approach）(2)的理念。當我們研究政治的融合現象時（不論是用強制或和平的手段來融合），我們發現，聯邦主義主要的主張是創立國際機構，並更重視超國家政體的建立。然而，從西元中世紀到近代，一切的政治主張（例如：最具代表性的政治主張是，一四世紀的Pierre Dubois的 De recuperatione Terrac Sancte, Alighieri Dante的 De monarchia, 一七世紀的 Émeric Crucé的 Le Nouveau Cynée, duc de Sully的 Mémoires和一八世紀的 the Abbé de St. – Pierre的 Project pour rendre la paix perpétuelle en Europe Immanuel Kant的 Zum ewigen Frieden 等），都提倡聯邦主義；所以，聯邦主義不見得是現今政治統合下的產物(3)，而應稱爲古典的聯邦主義。這個主義的最終目標是，摒棄武力，並以和平的手段，建立國際秩序，而且在形成秩序的國際體系中，謀求解決各國之間利益衝突的現象。

然而，國際間發生糾紛，各國採取的因應之道有二種：一種是擺脫紛爭的「孤立型行動」，另一種是積極地周旋於紛爭中的「組織型行動」(4)。聯邦主義就是以「組織型行動」，作爲解決國際紛爭的對策，而且有過之而無不及呢！它這種積極解決國際紛爭的作法，雖然有其優點，但是「組織型行動」的進展過程，往往需要力（即權力）和秩序良性地配合，因此，秩序的建立，便成了從屬變數；

而權力就成了獨立變數了。但是，在權力主導一切變數發生的情況之下，聯邦主義卻將權力視爲不變的靜態變數。換言之，它的理念是著重在聯邦、國家、和地方各階層間的權力分配。明白地說，亦即建立一個理想化的超國家主義，而忽略了建立國際秩序系統的實際行動。

分析政治統合，最重要的是力學的實踐，而不是哲學的理念。因爲藉由實踐，才可以有效地調整或解決各國在任何國際環境中發生的利益衝突。筆者懷疑，聯邦主義所要建立的超國家政體果能實現否？

由於聯邦主義過於強調超國家主義，並對國家利益的發展力學及分析不透徹；所以，它在統合理論中，欠缺眞實性，而在六〇年代，更有學者重新對聯邦主義，作了番重要的評價。此人即爲艾桑尼（Amitai Etzion）。我們在第一章中知道，他在理想化的超國家主義中，導入辨證性的發展理論，以便重新詮釋他的統合理論(5)。但是，在他的學說發表之後，西歐的統合現象卻無法在他的學說中印證出來(6)。

㈡其次，擬檢討新功能主義（neo－functionalist approach）的理念。因爲在統合理論中，它的理念最被認同，所以美國於五〇年代後期至六〇年代中期，都是以新功能主義的理念作爲發展基礎，而法國的琴恩莫內（Jean Monnet）（他主張共同開採歐洲煤鐵礦）和歐洲經濟共同體委員會首任委員長西德的華特·霍斯坦（Walter Hallstein），都是強調新功能主義之統合理論的實踐家(7)。

新功能主義的理念在歐美得到了回響；但是在事實上，西歐的統合現象，卻不如這個主義所描述一般。特別是在六〇年代末期，更是相去甚遠，所以如今正是重新詮釋這個主義的時候了。就連當初以哈斯（Ernst B. Haas）的新功能主義爲中心思想的學者林柏格（Leon N. Lindberg）和奈因(Joseph S. Nye)，他們於七〇年代時，便從各種新功能主義的理念，跳脫出來，而轉向研究體系主義（system approach）和超國家主義（transnational approach）了。這是個最諷刺的例子(8)！

新功能主義的理念在我國學界中，已經開始著手發掘其中的難點(9)。而在國家利益的發展中，它和聯邦主義一樣沒有被仔細評估過。筆者在第一章中，已經叙述過新功能主義的精神(10)，因此現在祇是簡要地作個描述。

新功能主義的中心理念，是一種所謂「機動性地外溢（spillover）」（即：functional spillover automaticity）的假設性說法，這個說法主要是說明經濟的連合和政治的連合是互相關連的關係，同時也舉出一個發生在西歐的例子。西歐的經濟共同體政策，最先是從共同開採煤鐵開始，接著又建立一套關稅共通政策，如此階段性地藉由各國間貨物的相互流通，以便發展歐洲共同體的通商政策。而這個政策是隨著liner progression函數不同的變化，而有不同的效果(11)。

若從統合國家利益的觀點檢討新功能主義時，其中可以找出許多的疑點。因爲依照西歐統合歷史的發展軌跡來看，哈斯等多位學者主張的「機動性的外溢（spillover）」的說法，並不能自動地將「政治」統合起來。其實，在傳統型的國際關係發展成如今超國界（transnational）（即相互依賴）之國際關係的過程中，國家主體依然是促成統合的主要角色；而且，統合的動力也不是在提倡新功能主義的學者所說的政策中產生的，這個動力應該是經由發生利益衝突的各國之間協調出來的。

國家利益的發展，對於各國的統合影響很大。試舉最近的一個例子（即：七三到七四年，ＥＣ各國在應付阿拉伯石油戰略上的失敗），就可以知道國家利益的影響之大。當時，這些面臨石油危機的ＥＣ各國，是以法國爲首，進行自我保護的行動；可是，他們之間，卻不能相互遵守協調好的條件共同行動，所以終告失敗[12]。另外還有一個顯著的例子就是，當範圍擴大的ＥＣ各國，計畫出「通貨同盟」（即：一九六九年十二月，當哈庫召開的ＥＣ各國首腦會議和威爾納的報告產生之後，「通貨同盟」的構想，便於一九八〇年計畫完成。）的構想時，那些加盟的國家，卻又處於對立的局面，尤其是法國，它爲了鞏固政治上的聲望和經濟上的地位，於是硬在各國協商如何進行共同通貨的問題上，針鋒相對，以達到領導各國經濟的目的，而西德爲了抵制法國這種行爲，也逕相爭取，導致兩國間終究無法統合。學者凱撒，也將加盟各國之間的衝突，批判爲任性自私（the sauve－qui－peut approach）[13]。

另一位嚴厲批評新功能主義的學者——（Miriam Camps），他更從研究歐洲統合的歷史中，批判這個主義的缺點。首先，儘管他也看到歐洲煤鐵共同體成功的結果，但是歐洲防衛共同體（ＥＤＣ）的構想，卻終告失敗[14]。原本就新功能主義的理念而言，該二種共同體應該是有其關連性的，可是，事實卻顯示出該二種共同體在功能上卻有互相抵觸之實。更嚴重的是，在六〇年代，由於共通農業政策的實施，使得法國和其他加盟之間益形對立，而導致歐洲共同體長期的政治危機。所以，我們應該避免新功能主義所主張的「功能性的相互依賴」（functional interdependence）而引起的政治過熱現象(15)。

新功能主義還有其他實行上的困難。現在，我們僅就統合體系的環境，來探討此一問題。這個主義是希望在一個比較協調，而且多元化的西歐社會下，建立一個較均衡的環境，以便發展其所主張的功能性的相互依賴關係；同時也可以在相互不協調的國際環境中發展依賴關係。可是，我們要知道，若在不協調的國際環境下主張依賴關係，是很容易造成緊張情勢的（新功能主義過於強調功能性的相互關係，其情形如右(16)。）

（Louis J. Cantori）和（Steven L. Spiegel）二位學者，曾以國家利益的發展為觀點，批評新功能主義的理念已經和現實環境發生混淆，而且在不深入檢討國家政策之前提下，僅就架構上各國將以平等對待為前提來共同行動的理念，是不切實的；因為它忽視了現實中，統合力學的政治作用，而傾向於不切實際的政治（apolitical）狀況分析(17)。

㈢第三擬討論交流主義（transactionalist approach）(18)的理念。五〇年代末期，交流主義便廣泛地被大家研究，尤其是德奕修（Karl W. Deutsch），更讚許這是政治統合中最有力的主義。這個主義的基本假設是，擴大國家在社會之間的經濟交流（即提高交流層次並增加交流機會），以確立兩國之間的政治統合發展（即：空間和體系）的直接因果關係（causal relationship）。

現在，我們將就此主義具體說明交流和統合之間的關連性。首先，以A、B二國為例（也可推衍

表1　EC各國間的經濟相互依存度（1963）

加盟國＼加盟國	比利時盧森堡	法國	西德	義大利	荷蘭	其他各國
比利時盧森堡	1.000	0.021	0.025	0.008	0.069	0.019
法國	0.021	1.000	0.016	0.009	0.009	0.019
西德	0.025	0.016	1.000	0.016	0.034	0.029
義大利	0.008	0.009	0.016	1.000	0.007	0.019
荷蘭	0.069	0.009	0.034	0.007	1.000	0.022
其他各國	0.019	0.019	0.029	0.019	0.022	1.000

表2　EC各國間的經濟相互依存度（1968）

加盟國＼加盟國	比利時盧森堡	法國	西德	義大利	荷蘭	其他各國
比利時盧森堡	1.000	0.026	0.032	0.008	0.063	0.019
法國	0.026	1.000	0.020	0.012	0.012	0.017
西德	0.032	0.020	1.000	0.019	0.039	0.031
義大利	0.008	0.012	0.019	1.000	0.009	0.019
荷蘭	0.063	0.012	0.039	0.099	1.000	0.020
其他各國	0.019	0.017	0.031	0.019	0.020	1.000

（註）60年代由於英國、丹麥、愛爾蘭、已從EC中退出，因此EC的範圍縮小。

到一般國民之間）。當這二國交流的範圍擴大，而且次數和層次也提高（當然要靠時間來進展）時，政治和文化的交流，便成了必須考慮的變數。然而，一個完整的交流決定於政策本身的走向以及發生交流的二國人民對交流的認知。所以，當這二種因素都具備時，A、B兩國的政治共同體的發生率便會提高，便達到政治統合。

現在我們就來看看這個主義下的幾個實例。即：十九世紀被普羅西亞·德意志統合的巴伐利亞（Bavaria）以及北大西洋地區的統合實例和許多歐洲經濟共同體的例子(19)。此外，學者德奕修也呼籲大家應該注意「相互反應性」（mutual responsiveness）的理論，而在六〇年代，學者(Bruce M. Russett)也強調確率論的實證

〔**補註**〕

①右表1、2，表示1963年和1968年間，EC各國的經濟相互依存度，觀察63－68年每年的變化，我們可以看出，加盟各國間的經濟相互依存度，都有升高的趨勢（除了比荷盧各國和義大利、比利時的情形之外，其他各國都有升高的趨勢）。

②看表可知，比荷盧各國間的經濟相互依存度最高（0.062～0.070），第2是西德、荷蘭，第3是西德、比利時、盧森堡，最後是義大利、比利時、盧森堡的變化。這個結果，最有趣的是，西德和其他加盟國間的相互依存度都很高，而且，西德和其他非EC國家的相互依存度同時也有升高的趨勢。

③依存度的計算公式：

經濟的依存度：$b_{ij} = \frac{a_{ij}}{\sqrt{a_{ii} \times a_j}}$　$(0 \leqq b_{ij} \leqq 1)$

a_{ij}：A國自B國進口之貿易量

a_{ii}：A國的GDP（國內總生產）

a_{jj}：A國的GDP（國內總生產）

計算EC各國的貿易量（63－68）以及非EC國家的貿易量（63－68）（以美元計算），並計算各加盟國以及全世界的國內總生產兩國間的經濟相互依存度是以兩國的經濟依存（e.g.，b_{ij}和b_{ji}）的平均值來算。這種數量化的計算公式是由拉塞特的"Chooser－Chosen"的理論發展出來的。

（出處）U. N. Yearbook of international Trade Statistics 1969；U. N. Statistical Yearbook 1970.

性(20)。

儘管交流主義具有行動上的優點（如右），但它還是有許多缺點。這些缺點例如：它確實驗證了交流和政治統合之間的因果關係？還有，雖然經濟交流或政治交流的往頻繁，但這可以提高政治交流的素質否？相反地，兩國之間，經濟和政治的相互依存度（即：economic interdependence）和（political interdependence），是沒有直接的因果關係（一種正面的相關性），反而有著不連貫而且負面的關係。我們可以EC各國爲例。

筆者曾經驗證EC加盟諸國之間的經濟相互依存度，也就以是科學的手法將加盟諸國之國內總生產（GDP）的比率和EC範圍內的貿易（intraregional trade），作一番評估，評估的結果也確實證明它們之間的經濟依存度有升高的趨勢(21)。此結果揭示在八二—八三頁中。

但是，這種經濟指標卻不能作爲預測未來政治發展的指標。也就是說，經濟依存度愈高，不代表它與政治統合的進展有直接的關係（relevanay）。就如林伯格和謝因哥魯克研究的結果指出，EC間的政治發展，不只是以政治統合（policy integration）爲著眼點，它祗能說是發展政治統合時的初期階段。林伯格和謝因哥魯克，他們將決定政策共同體的步驟（即：國家獨占型→國家・共同混合型→共同體獨占型），視爲政策統合中的獨立變數，並檢討EC的政治發展過程。事實證明，此種發展步驟，不足以促成EC的政策統合。我們將在下一章中，詳細說明此一事實，那就是，祗有在經濟領域中，會有發展共同體獨占型的可能，而在其他的政策領域中（即；對外關係、政治制度和社會文化的領域），還是以國家獨占型爲支配之主流(22)。所以，若照該經濟指標推測政治統合的發展程度或政治的相互依存度時，我們會發現這個主義中確實有些問題存在。

交統主義的理念，在七二年間非德（Edwin H. Fedder）和皮爾松（Federic S. Pearson）二位學者即明白地指出，它犯下了一個基本錯誤，那就是混淆了國際相互作用（international interaction）和國際統合（international integration）(23)。也就是說，在發生交流的各國中，雖然它們有一個政治統合的共同目標，但是這並不意味著它們確有政治統合的決心。我們以（J. Scott Ketlie）的研究爲例。

在第一次世界大戰前的歐洲地區（即一九一三年的歐洲），蘇俄主要的進出口貿易國，都屬德國；而德國的主要貿易國則有英、美、澳、蘇和法國。此外德國也在英國的輸入、輸出市場上分佔第一、二位。如此交往密切頻繁的經濟關係，卻還是阻止不了戰爭的發生，而且這些經濟大國反而成爲各國爭相討伐的對象(24)。這顯示出經濟交流和政治交流，對EC加盟國的政、經共同體，實有負面的影響。

交流主義的理念是從各種現象的獨立變數中演繹出的，如果將這種相互作用推衍至一般大衆，我們可以知道它只著眼在官方的範圍中，與研究依賴關係的新功能主義不同，這點值得我們注意。但是，交流主義(25)卻沒有在政治統合核心的國家利益中，作充分的分析；尤其是進行交流的各國，其相互反應態度卻一直沒有充作政治上相互依存發展的考慮因素。

㈣從以上的檢討，我們可以明白指出，過去所討論的統合理念，其中多少都有些問題存在。如：學者對於統合力學的假設和計劃藍圖，都不盡完善（事實證明如此）；而且，從國家利益的角度言，下列問題：

(a)我們在談到新功能主義時，可以看出它有一種偏於行爲主體的傾向(26)。也就是說，它強調統合的成功與否是決定在政府或官員們的主張。然而這種假設，卻規避了國際系統何以發生摩擦，或國際間爲何發生齟齬的原因，在這樣不考慮國家行動體系（＝相互控制反應系統），而將問題的發生原因推給少數的政府官員身上，實有推諉之嫌。

(b)還有一些統合的理論是過分強調型式，而不注重實施之可行性的，那就是聯邦主義的統合理論。在聯邦主義中，它將國家的國際主義、威信和國民的忠誠度（此三者被稱為「國家的屬性」）等視為建立超國家政策的主要力量來源。可是，不管這種力量如何轉換或屬性如何改變，聯邦主義的理論都無法將超國家政體的藍圖具體地勾勒出來；因此，它終究不能實踐國家利益的理念而為人所忽視。綜觀上述任何一種統合主義，它們似乎都很難具體地將統合現象的實體描繪出來。

統合政治的另一個特質就是隨著國際間的活動而有所變化。也就是說，由於subnational的政治活動和transnational的政治介入，使得統合政治的環境發生了變化。由於統合政治的理念在向來以國家為主體的國際政治理念中，是一個例外的現象（anomalies），而且它又以三種性質相異的層次來說明新國際體系的發展過程；因此，我們無法觀察出環境發生變化的原因，也不能正確地分析統合發展和國家利益之間的關連。

要找出統合的發展力學，首先就必須找出問題所在。普查拉即是七〇年代（甚至可能更早）最早提出這種理論的學者。他在Journal of Common Market Studies雜誌上，特別注重統合現象中National和transnational之間融合力學的研究，並將它稱為調和（concordance system）系統，內容可概要為以下三點(2)。

①該系統的主要政體在體系產生變化時，仍然是以國家為主體。但是，國家卻不是唯一可以實行政治行為的個體，而是主導transnational的行為體（角色的複合性）。②這個系統不一定是決定政治統合的機構；應該說，它架構出一種pay－off的理論，讓執行政治行為的每個行為主體，依照相互制定

的行爲規範，分配彼此間的利益所得。而且，這種相互制衡的行爲，有提高雙方政治依存度的效果（自律的行動原理和相互依賴的關係）。③這個系統，潛藏著各國發生利害衝突的危機；所以，爲了抑止紛爭的發生，各行爲主體會凝聚此系統中政治「集團」的力量，以達成共識（有抑制紛爭的功能）。

普查拉主張的調和系統尤其強調，它可以協調各個不同的行爲主體所發生的統合紛爭問題，可以討論過去我們一直迴避的國家利益問題。然而對於統合，我們仍然無法提出一套精密的綜合理論（grand theory），所以筆者對這種「定位不明」的理論，作了另一番闡釋，並嘗試樹立綜合理論的近程目標。

2.統合力學的特質

㈠國際政治的發展軌跡（＝隨意軌跡）和國家利益的發展力學二者關係密切，各國之間政策的走向，尤其影響國家利益的發展。以七〇年代的ＳＡＬＴ（限制戰略武器談判）爲例⑱。當時各超大國間不見其縮減軍力，反而一味地擴充軍備，處此情況，更突顯了「抑制力學」的重要性！

國家利益的發展目標是爲了擺脫國家主義，創造新的國際體系，亦即朝向「transnational」的統合政治，以使繼續發展。但是，該等發展過程，卻有些挫折⑲。例如：七〇年代「貨幣同盟」的構想失敗，而ＥＣ間的統合政治充其量祇說是一種「自閉性」的國家利益。所以，當我們分析國家利益的發展時，必須具體地提出有關統合行動體系的理論，否則在不明確它和統合政治相互間正、負影響關係之情況下，國際統合理論終將無法得到定論。此外，就如前述「統合理念的批判」中所證實的，國家利益的發展力學一直不受重視，筆者認爲，這是因爲該種以統合爲目標的超國家主義和國際主義和自主性強烈的國家行動理論之間，存有許多的問題無法解決之故；因此就有普查拉調和系統的模式出現(30)，因爲該模式的提出，使我們發現，主義和理論之間所存在的危機，故吾人有必要重新架構更切實際的統合行動理論。

但是，儘管我們如何注意國家利益和統合政治之間的發展動態，統合理論依然沒有任何進展。所以，現在我們要探討的是，在認淸統合政治的課題下，何以國家利益的分析角度係了解統合政治的根本之道？

(二)根本之理由是因爲統合力學具有一種特質，即「雙重構造」的特質。第一個是《表面的力學》構造，另一個則是一種更深入的《內部的力學》。按過去傳統的國際體系是一種富變化且注重權勢的國家主義(31)；但是新的國際主義卻不然，它是在相互依賴和以協調爲規則的前提下，脫離舊有的國家主義所產生之新體系。總之，過去的國際體系是統合力學《外在》的表現；而新的國際體系則是統合力學《內在》的表現。有趣的是，該二個性質頗有差異的統合力學，具有不祗是相互糾纏，而且彼此間還有激烈的摩擦衝突之特質。爲了平衡該二者的差異，即「平衡狀況」(equilibrium)，於是「see-saw game」理論便產生了(32)。

如前所述，統合力學的理論是多變的，而「超國家主義」又特別重視統合力學「外在的」特質。學者們爲了將這未尙成形的統合力學，作一個具體的架構藍圖，於是哈斯的「地區自治體」構想，和德意修（Karl W. Deutsch）的「安全保障共同體」理論，也就應運而生了(33)。我們談的統合，即是拋棄國家的心情屬性（即：國際主義或對國家的忠誠度）和國家的行爲屬性（也可稱爲國家存在價值的對外政策決定權），朝向重建新國際共同體（＝超國家共同體）的目標邁進(34)。但，事實證明，拋棄國家心情屬性和行動屬性，是多麼困難的一件事。以例爲證，EC間至今尚未成立一個共同決定對外政策的機構，以決定彼此間的行動屬性。EC在七四年初，始取得聯合國的觀察員資格，但這並不表示，它放棄了加盟各國的對外政策決定權(35)。另外還有一個心情屬性，根據資料，至今尚未證實它的功用(36)。例如：七一年，加盟各國對於已經實施的共同對外政策，仍持懷疑、不信任的態度；以及七三年，由（Werner J. Feld）和（John K. Wildgen）二位學者，研究實行共同對外政策後各加盟諸國官員的態度發現，EC中的任何一國至今尚無計畫擺脫國家主義，以使進入新型態國際主義的心理準備(37)。

因此，有關統合力學中的「超國家主義」，它的確有不切實際的缺點，而從「超國家主義」所衍生出的超國界的（transnational）政治行動規則，在統合力學的「外在」特質中，便更顯得其重要性了。追根究底地來說，在創造統合系統的過程中，控制或解決紛爭的規定是很重要的，可是過去的國際體系，因均以國家行動爲重點，因此容易造成國際紛爭(38)；此時，統合的「內在」力學便發揮了作用。

㈢至統合內在的力學在實際上具有那些特色？就統合力學的第一個側面言，其特質是針對統合政治有關國家利益的介入現象，而且與普遍存在於傳統型國際政治中的政治遊戲（亦即不協調遊戲）一樣，國家利益的介入經常是以「紛爭狀況」爲行動變數。在此我們姑且稱此爲「紛爭狀況」原型。其第一個特色即原型的有效性，在實際EC的行動軌跡中，有相當程度可被證實的。EC在組織擴展面上，不管是在區域內或區域外（七六年的三共同體之融合，七三年的擴大EC成立、還有七五年的第一次「洛美協定」之簽訂），何以總會在另一方面顯示其前進另一方面則後退的振幅運動(39)？其理由之一，很明顯地應該歸究於EC統合深層構造中國家利益所引發之「紛爭狀況」之存在事實。例如，最近EC所委託研究而寫成的「里尼費報告書」（提倡改革EC機構之構想）所示，EC統合陷入僵局的最大原因，乃是各加盟國之間國家主義意識有逐漸抬頭的現象(40)。這正是「紛爭狀況」原型的另一種表現。

倘根據該報告書予以歷史分析，則影響EC統合國家利益的介入力學，有下列幾項要點。(41)

①EC剛成立時（五〇年代）曾發表的六國統一之政治意識，在進入六〇年代後，由於反對法國總統戴高樂所提倡之「歐洲理念」的聲浪過高，而開始受到侵蝕瓦解。

②有關國家利益共有的政治意識（＝調和規則）事實上曾產生作用的時期僅至六〇年代中葉爲止（關稅同盟成立）。爾後演變成以法國的國家利益爲最優先。（由於六五—六六年法國的表現，而有杯葛EC的情事發生）。

③七〇年代擴大EC成立後，嘗試調整國家利益功能（由Luxembourg Compromise政治委員會發

起）之結果，並沒有使ＥＣ的脫國家機構之權限擴大，致使當初的幸福感（euphoria）也隨之沈靜下來，而環繞各加盟國之間國家利益的「紛爭狀況」也就越演越烈了。

從一開始就錯綜複雜的ＥＣ行動軌跡，根據「海尼希報告書」中曾嘗試的歷史分析，其內容非一言一語可以道盡。但是在以ＥＣ為例的統合政治中，國家觀的行動思考實具有深遠的影響力，此為無可否認的事實。在「紛爭狀況」原型中，很明顯地包含了一個構造上的前提條件。該條件就是在統合政治戰中，國家性的行為主體依然居主要角色。換言之統合政治的發展與國家性的行為主體所主導的Coalition Game之成功與否息息相關。「紛爭狀況」何以會潛在化？其理由是，與國家性的行為主體之統合力學所佔的結構比重之大小有密切的互動關係。（譬如，ＥＣ的政策決定為何不易在各加盟國中履行？比利時政府的不履行地區援助金政策、法國政府對實施對外投資自由化採取拖延政策、義大利政府之對導入附加價值稅之反彈等等）。其主要原因在於屬於國家性行為主體ＥＣ一方的強烈反抗。(42)同時，也說明了國家性行為主體構造的重要性。有關該論點puchala曾就ＥＣ圈內政策決定後之政治力學作過一番深入的驗證。(43)

因此在統合政治上就某種意義而言，國家利益的介入，其結果就是使「紛爭狀況」為之構造化。不過，在其行動方式中，可看出一種與傳統國際政治遊戲規則不同軌道的特殊型式。故統合力學的第二個特色即完全是針對此點。那麼，該種特殊型式所指為何？

明白說，在統合力學上，典型的國際政治遊戲規則並不對「戰爭狀況」之單純型式發生作用。雖然它被視爲一種變相的型式，但這並不意味其本身是「戰爭狀況」的原型。在傳統的國際政治行動領域中，就如盧梭「狩獵雄鹿」之比喻一般，國家利益的紛爭構造是正常的現象(44)。正因爲是常態，所以以「勢力」行動爲催化劑的權力主戰也就被視爲理所當然了。縱觀圍繞在國家利益爭執點上各國之間的競爭行動，在沒有抑制的紛爭構造中，不斷地朝向敵對行動之方向發展下去。遊戲規則的實質越發凸顯其零和的功能。譬如在謀求裁軍共識的同時，另一方卻背地裡進行擴軍行動。另外，正當反核意識漸趨一致時，另一方卻不斷在研究開發核子武器的製造技術。如此完全背道而馳的二定律現象，在傳統型的「戰爭狀況」中，是絕對不會相互矛盾的。(45)其理由乃是在這種遊戲中，係以恐嚇意念爲主軸之「恐怖的相互作用」發揮了它的主導效果之故。當我們將外交戰略行動推展至極限時，「戰爭狀況」也就成了一種心理戰。我們也可稱該情形爲對安全保障的一種強迫觀念。這種遊戲規則誠如霍福曼的尖銳分析一般，最後都是採取以「安全保障的棋盤」爲唯一行動基地的。(46)國家利益不斷在這種棋盤機能下被收縮，其紛爭構造自然也就無限制地擴大下去。因國家利益的相互截長補短而特意避開的紛爭，只能將之歸諸例外事件了（例如，普遍性集團安全保障—依聯合國方式而產生之理想性的紛爭回避）。

(四)在統合力學中，以上述的「戰爭狀況」爲掩飾前提之紛爭原型要起作用的或然率非常低。從國家利益潛藏的紛爭構造，不易發展到前言所謂的「戰爭狀況」此點來看，多少可看出「內面」之統合力學的另一個特質。因此，統合的解體（因對決而產生的分裂作用）也就不易發生了。或者亦可以說，與傳統性的國際政治遊戲規則畫成一線的統合行動方式，在這種制度的連續軌跡中，已直接地顯示出來了。那麼，戰爭型的行動遊戲在統合力學上何以會受到抑制的命運？其理由至少可從下列三點分予說明：

(1)第一個理由，我們可以從思想及環境的立場來探求。這與統合力學中的「強制力不介入」之思想有著密切的關連。至其思想的重要性，即使在統合理論上，也已經付諸驗證。(47)若以EC研究案例來看，該思考早已被視為「不戰共同體」而廣受認同。「不戰共同體」的思想與「戰爭狀況」在規則理論的開展上是處於敵對的位置。而事實上，該思想的目的，是要從統合政治中將「戰爭狀況」的危險要素除去。像該等特異的環境創造相當令人注目，而我們也可以稱此為「和平力學」的體系。在EC統合裡，要尋求該實例並非難事。如EC前身的ECSC之成立（一九五二年巴黎條約），ECSC之所以誕生的背景力學，實頗富涵意。

ECSC的成立，很明顯地是以重建戰後歐洲為目的的經濟性因素所引起的作用。但是，更重要的動機乃在於如何在統合的過程中實現「不戰共同體」。而該動機，主要是要去除構成法、德之間第一次和第二次大戰的戰爭事由之一。因此，橫跨法德兩國邊境有關的基本物質產業，亦即煤礦、鋼鐵等交由戰後新興之共同體加盟國聯營，甚至共同管理的構想就應運而生。就歷史角度言，該構想首先是由法國的琴恩·摩內所提出，之後以「休曼計畫」面貌問世而更加具體化，最後終演變成ECSC(48)。該「不戰共同體」的思考儘管在以後的EC發展過程中，實質上均被傳承下來。「不戰共同體」

對EC統合是深具影響的。這便是何以在EC統合上，「戰爭狀況」的行動理論自成立時，就處於被否定地位之緣故。簡單地說，也就是戰爭遊戲的架構脫離了EC統合的思想及環境所涵蓋的層面。即使在國家利益的紛爭結構逐步顯著化的同時，其行動樣式也僅止於非零和之爭的活動範圍內。

(2)第二個抑制的理由與第一個理由有互動的關係。那就是將來自思想及環境因素的理由，重新定位於統合力學的行動準繩上。正因爲在統合政治中導入「強制力不介入」之思想，故更能把第二個理由明顯地勾勒出來。其內容可簡單歸納如下：

在統合的主要執行者——國家性行爲主體的行動樣式中，可明顯地看出一種與傳統戰爭遊戲規則不太熟悉的外交形態。那就是以軍事力爲手段的外交行動，在統合政治上是屬於受到節制的一方。不以行使軍事力爲外交之相互作用一直是統合政治的核心。縱觀EC統合中的任何一個危機事例，以軍事力作爲外交行動的作法是完全不被加盟國所採用的。更何況軍事爭端也不可能變成EC統合的行動主旨(49)。軍事力的節制，在統合政治裡具有雙重且重要的意義。其中一項是象徵展開軍事力的「恐嚇體制」，該功能已痲痺的事實已漸趨顯著。吾人越是制止「恐嚇體制」，則統合政治就越會自「戰爭狀況」的原型中脫離及作用。何以會如此呢？那是因爲傳統型的戰爭遊戲經常是依據以軍事力做爲最後橋頭堡的該「恐嚇體制」之有效性之緣故。不論是恐怖的相互作用，抑或是大國主義的權力行動，一旦摒除「恐嚇體制」的有效性，則無法完成其自身的運動。譬如，發生在六〇年代中葉的EC馬拉松式政治危機事件中，法國終究無法貫徹其大國主義的外交行動，其原因就是在於「恐嚇體制」的功能已告停止。[50]

另一點，就是在軍事力節制狀態的根基上，外交行動無法被侷限在「安全保障的棋盤」上。由於「安全保障的棋盤」是國家性行爲主體的行動基礎，軍事力的開展當然得公開進行才是。可是，來自軍事力的威脅作用在統合政治中一旦被封閉起來，則國家性的行爲主體就一定會漸漸地否認這個棋盤的存在理由。結果將造成衆人摸索及探尋多樣性的棋盤之現象。事實上，在EC統合的過程中，如將國家行動僅僅限制在戰略性的安全保障利益上，則該等古典型的政治戰爭將瀕臨發揮不了任何功能的地步了。誠如保羅·泰勒已嘗試研究的結果所述一般，目前EC統合已進入第三期，也就是相互依賴的情形經高度發展而演變成一種頗具特色的聯合化時期（confederal phase）。[51]在EC的統合政治上，爲迎接此番新局面所要求的行動準可說是立足在多階段型的近代型棋盤上。

(3)如果古典型的戰爭行動喪失其動力時，則將帶給統合政治什麼影響？那不僅會對遊戲的思想境界造成衝擊，同時還會對國家利益的構造帶來一種以變化爲圓心軸的波及效果。傳統型的政治戰爭在統合力學上何以會有被抑制的傾向？其第三個理由可以在右邊的構造性立場獲得。爲了凸顯該項理由，首先我們有必要將國家利益的構造區分爲新舊的行動方式並分別進行比較。

與向來的外交戰略行動，亦即舊體制的行動方式相呼應的國家利益之構造原型，如果一經單純化則會有下列幾個特色。①國家利益並非因多元型、分散型而形成，而是由一元型、集中型的金字塔構造而形成的。②在其階層構造中，國家利益係將安全保障利益放在頂點位置。③於是國家利益不斷地被安全保障這個理念還元，並在戰略性的優先順位中被構造化。④又就國家利益之階層言，並非僅止於被區分為「高次元政治」及「低次元政治」之領域，甚至能排除因跨國、非主要立場之諸多利益而產生的滲透力。(52)

無論如何，右邊所述的構造原型終究是個假設理論，務必要參照國際政治的事實，反覆測試驗證才行。不過，倘該構造原型可準確地說明舊體制行動樣式的力學變數，則在有關傳統型的外交戰略行動方面，如要理解其回轉作用的因素就不困難了。何以外交戰略行動如此需要國家利益這種構造？又何以在該構造中最能發揮機能？那是因為國家利益之構造有以安全保障之利益為其支柱的所謂力學上的向心力作用。正因為有該向心力作用，國家行動才會只集中在戰略立場上。另由於安全保障以外的諸多利益被視為邊緣性而遭到排擠，因此以勢力為手段的外交行動便有開展之可能性了。當國家持有該等同質的國家利益之構造時，其相互作用則有轉化成「恐嚇體制」之傾向。

相對地，當國家利益的構造因離心力的作用而成另一種特色，且安全保障利益亦沒有佔到其階層構造之頂點位置時將如何？舊體制的國家利益構造不論是在上述原型之①的單一型條件中，或者是②的安全保障條件，抑或是③的優勢戰略條件時，其內容都一定改觀。傳統型的外交戰略遊戲將更加顯著地限制其行動基盤，而新體制的國家利益構造便將以相反的構圖誕生。至其構造將會帶來三個結果。第一，以多元化且分散化的形態打破傳統金字塔型之構造；第二，由於安全保障利益之基礎跨台造成國家利益之水平標準化；第三，固定秩序的崩裂帶來了戰略優先順序的流動化。當新體制的國家利益構造因上述三項條件改變，再加上第四項條件時，就越發現接近其理念型。所謂第四項條件是，因超國的、次國的利益而產生對傳統構造的滲透作用。

那麼，統合的國家利益構造是投影在新舊的任何一個原型否？就目前所曾看到的資料言，不如說是在反映新體制之構造原型更爲恰當。這並非意味著統合已完全擺脫了舊體制之構造。我們再以ＥＣ爲例，當統合的執行者與局外組織外交接觸時，藉由爭端領域（例如一九七五年十一月在朗布依埃召開已開發國家首腦會議的能源問題，又七〇年代中歐相互裁軍交涉（ＭＢＦＲ）時所引發出的核子戰略問題）依然保有舊體制戰略之金字塔型構造。(53)但是，就區域內統合軌跡現況來看，有關國家利益的構造的確證明了從舊體制改觀爲新體制的可行性。ＥＣ統合各國的國家利益構造，明顯地都顯示出其多元性和離心型的特徵。復以支持權力政治的安全保障利益已不在頂點之位。在統合政治方面，國家利益不僅益加分散，彼此密切依賴的關係更是深厚。該零和情況的傳統型權力政治之介入統合政治乙節，就其構造言其受壓抑的程度可謂不淺。事實上，ＥＣ各加盟國面對該統合政治中如此多樣分散的國家利益，也都不得不忙於作適當的調整。

譬如，從ＥＣ加盟諸國對國家利益之關心產生多樣化及有關ＥＣ（＝ＥＣ委員會）對應方面的多元化等，殊可證實該項事實。在此，特別擬提出另一個可證明此項論點的資料。那就是，綜觀ＥＣ閣僚理事會ＥＣ委員會雙方對國家利益的處理方式，可知他們付出的關心程度如何？根據觀察，在在都顯示了其分散化的傾向。而最明顯的便是會議中的爭端頻率頗高，所關心的程度差距，證明了與統合相呼應的國家利益構成了離心作用。我們將該動向之一小部份淸楚地整理表列於次頁的表二。

㈤就統合力學的某方面言，國家利益之「紛爭狀況」雖然介入其中，但在另一方面，傳統型戰爭遊戲的發動能力卻如前述所曾分析一般，在統合政治上顯受到限制及排斥。所謂統合，其結果就如同在象徵無規則軌跡的國際政治現象，畫上一道界線般的特異行動樣式。至其因果性方面，至目前爲止，我們已特意將焦點集中在統合的「內面」力學上。但是，僅討論「內面」力學是無法淸楚地將統合中特異行動樣式的實際情形顯示出來的。同時，亦有必要一併詳細考量有關「表面」力學的理論。另需將視線置於表裡兩面的力學，如此統合的完整形象始可能正確無誤地勾勒出來。現在，我們擬針對統合力學的表面特質作一番探討。

構成「表面」力學的因素大致可分爲兩點，即①構造＝體制因素及②作用＝規則因素。該兩點因素最饒富意味的是，它們在「表面」力學中具有相輔相成的效果以及縮短與「內面力學間距離感的功能。

所謂①構造＝體制因素所指爲何？其具體內容即意味著將跨國性的政治體制重新導入統合的力學之中，提供了觀察統合體制的形成及導入跨國性的政治體制等一個相當重要的思考。亦即所謂水平式的思考，該思考所具有的意義深遠。因導入該思考，使得統合的理想原型與實際原型間的距離才可能接近。而向來的統合理論，幾乎都傾向於硏究理想原型。所謂理想原型就是視超國家主義政治體制爲其認識的象徵，很明顯地亦即強調統合體所具有的垂直式之思考原型。且該原型還將跨國家性及超國

表 1　EC 統合中國家利益的多元性：EC 委員會專家會議與爭議頻率（1971）

爭議部門	頻率
Economics & Finance	7%
Industrial Affairs	16%
Customs Union	4%
Social Affairs	13%
Agriculture	36%
Transport	3%
Foreign Trade	3%
Energy Policy	3%
Others	15%

表 2　EC 統合中國家利益的多元化：EC 閣僚理事會議與爭議頻率（1967－71）

爭議部門	頻率
General	30%
Agriculture	36%
Finance	9%
Social Affairs	4%
Transport	5%
Energy & Technology	10%
Others	6%

資料來源：Helew Wallace, National Governments & the European Communities, European Series N021, Chatham House, London, 1973, p70, p77. 表 1、2 均根據上開數據演算之。

家主義該二個政治體制繪成一個相似的圖形來。倘依此原型，則前者的地位就等於是後者的前半階段。但果眞如此否？稍後我們將提到在該兩種體制之間，其實是在體制的發展階段上尙有明顯的差別存在。儘管如此，在統合的理想原型＝垂直式的思考上，仍然是有較大的比重。其理由是，可針對統合的傳統國際政治探討挑戰性的思考。(54)如前所述，統合在力學中確實包含了脫離傳統性國際政治的架構，也就是「民族國家體系」的窠臼，甚至可以說業已克服傳統的一種挑戰性的思考。雖然如此，但並不意味該挑戰性的思考可直接對超國家性共同體的實踐有了實際的行動。若在該兩者之間用一條直線連接起來，則想法不僅過份單純，最後將犯了分析錯誤的毛病。在統合理論上，聯邦主義方法論之所以欠缺魅力，事實上就是由於想法過份單純。同時，也是由於過於重視統合垂直式思考的結果，在實際EC統合的軌跡中，該兩者之非連續性頗爲顯著。根據資料，上述所言業已獲得相當的證實。而該非連續性之起因爲何？乃是因與統合體制的水平式思考存有明顯的關連性。當然身爲「表面」力學構造因素的跨國性政治體系，可以百分之百地說是該關連性的副產物。

至水平式的思考在實際上又具有何種內容及特色？

第一個特色可在新舊異質的國際體系《並存狀況》中尋求。所謂舊體系即稍早曾提及的國家型體系。該體系和十七世紀的歐洲國際關係同時期成立（一六四八年即將結束時是以三〇年戰爭爲契機而誕生了「民族國家體系」），其後至今天已傳承了三個世紀以上。由於背負了極沈重的歷史包袱，因此一般都稱之爲傳統型體系。(55)而與之相對的所謂新興體系，並非超國家型體系，而是脫國家型體系。脫國家型系所指爲何？該體系的性格無論在構造及作用方面，均與超國家性的內容顯著差異。爲了凸顯該性格，我們特別將超國家型體系與脫國家型體系在理論上作比較，以下即該兩者的比較概述。

①超國家型體系在構造中持有超越（supra）國家的新政治主體。相對地，脫國家型體系是與國家並列（trans）的新政治主體。②因此，在超國家型體系中，存有可支配國家行動的政治力量。而在脫國家型體系裡所出現的政治力量，與其說不會檢視國家行動，不如說是該力量具有某種影響力。③結果，前者的體系力學作用就從國家間的相互作用搖身一變爲超國家、國家間的垂直作用。此外在

後者的體系方面，由於在傳統國家間的相互反應上加上了新的國家、脫國家之關係，其力學作用轉而成為多次元型。(56)假設這種比較是正確的話，則脫國家型體系與超國家型體系就大不相同，該等特質並非縱列式的垂直構造，而是橫向的水平構造。這種水平構造的確確反射於統合體系的《並存狀況》之中。倘超國家型體係處於國家型體系之相對位置，則在統合體系中的《並存狀況》是不可能存在的。屆時《並存狀況》將被來自超國家力學之傳統構造的《滲透狀況》及《支配狀況》所取代。

但是，雖說國家型體系與脫國家型體系有並存的關係，但絕不是意味著該兩者是封閉性的無反應體系。事實上，是發揮了繪製其反證明軌跡的功能。換言之，國家型體系和脫國家型體系在統合力學中，展開了高密度的相互反應體系功能。兩者不單是並存而已，而是並存的同時，還深深地交錯著互動的關係。該《交錯狀況》便是構成水平式思考特色的第二個因素。

這種《交錯狀況》並非是因同性質體系間的相互作用而產生出來的。而是以體制相異的同時介入為其作用的前提條件。事實上這種情形帶給統合政治力學上重要的副產效果。直接地說，那不是由於新舊的行動原理（=「脫國家型」對「國家型」）所產生的對峙效果。(57)該對峙效果，我們可分從否定性和肯定性兩方面來探討。就否定性的一面言，我們在探討「內面」的統合力學時，業已了解其本質，亦即因國家利益所引發起的紛爭效果。又何以會產生該種否定性的效果？其原因在於支配該兩種行動原理之思考層面間的振幅之大小（=國家性、非國家性）。雖然如此，跨國家性的政治體系在上述《交錯狀況》的情形下，依然保有其肯定性的一面。

所謂肯定性的一面所指爲何？其實係指痲痺以脅迫爲基軸的傳統型權力紛爭之功能，並抑制紛爭的可能性。另暗示統合體系業由無規則的軌跡轉變爲有秩序軌跡的事實。若在國家間的相互作用中摻入新的行動原理（＝脫國家思想），該原理並佔有與舊體系相等位置關係的話，則右邊的作用機率會提高。因爲我們所假設新的行動原理可盡到中和傳統型權力政治的任務。

該肯定性的一面正是跨國家性政治體系的最大特質。爲付諸實際行動，至少必須具備兩個構造因素。第一，即具有新行動原理的政治主體必須明顯地存在於統合體系中。從EC的案例來看，確實具備了右述的條件。而象徵政治主體的是EC委員會。EC委員會並非是代表或反映加盟諸國國家利益的傳統式國際機構，而是表現異於以國家利益行動爲主軸的國家主體及完全不同立場的非政府機構，又僅止於追求及擁護EC水平的利益，充其量只是一個崇尙脫國家行動規則的獨立政治主體而已。(58) EC委員會在某一方面要和代表國家利益思想產物的閣僚理事會作艱困的拉鋸戰，另一方面還要堆砌「兩頭政治」中的一角。故EC委員會所帶給統合軌跡的影響力既大且深遠，或許應該說該行動的精神作用在於因脫國家而起的一元歐洲之再生否？譬如，諾拉·貝勒福（Nora Beloff）就將該精神作用比喻爲中世的「羅馬法王」。(59)

脫國家的行動原理並非只有EC委員會才有，該行動原理對各加盟國的次國家性主體所引起的EC領域中的coalition 政治亦有所投射。而不基於政府主導型之國家利益的次國家性主體所引發起的統合戰爭，係指該體系效果。例如，在比京布魯塞爾，該等主體約有二五〇個常駐的聯合組織，以統合政治之新國際壓力團體之代表身份行動。其中最大的組織是設於農業部門中的COPA。[60] 具有這種新行動原理的政治主體上場，將可分散統合力學的多次元層面。其結果，可使舊體系的行動原理（＝「脅迫體制」之追認），如同赤裸裸的原型一般無法發揮任何功能。而「表面」的統合力學肯定性的一面，也將會在右述的因果關係中確實發揮作用。同時另一個構造因素，亦即相互依賴體系之存在與產生不可或缺，包括該相互依賴體系的內容分析在內，統合的「表面」力學之實質，就理論與實證兩方面有待再予深入探討。

(1) 分析統合方法論之分類及其問題點的著作相當多，譬如有：Charles Pentland International Theory and European Integration, op. cit.；Edwin H. Fedder & Frederic S.Pearson,『Four Ambiguities of International Integration,』Political Science Annual：An International Review, James A. Robinson (ed.), Vol. Ⅲ－1972, The Bobbs－Merrill Company, Inc., New York, 1972, pp. 281－335.；Ernst B. Haas,『The Study of Regional Integration：Reflections on the Joy and Anguish of Pretheorizing,』International Organization, op. cit., pp. 622－630.

(2) 提倡聯邦主義方法論之代表性學者在近代有Carl J. Friedrich, Trends in Federalism in Theory and Practice, Frederich A. Prager, New York, 1968.

(3) 有關包括聯邦主義方法論之國際統合的思想史是Elmer Plischke,『International Integration：Purpose, Progress, and Prospects,』Systems of Ingegrating the International Community, Elmer Plischke (ed.), D. Van Nostrand Company, Inc.,New York, 1964, esp. pp.10－20

(4) Kenneth N. Waltz,『Conflict in World Politics,』Steven L. Spiegel and Kenneth N. Waltz (eds.), Conflict in World Politics, Winthrop Publishers, Inc., Cambridge, Mass., 1972, pp.473－474.

(5) Amitai Etzioni,『The Dialectics of Supranational Unification,』American Political Science Review, Vol. LVI, No. 4, December 1962, esp. pp.131－132. 是從超國家主義的觀點將統合理論化的。根據渠論點，政治共同體並非是單純的政府間構造，而是不得不爲具有超國家性構造者。他與傳統性體聯邦主義者不同，是以動態性的手法來分析超國家主義統合。其理論支持之一是政治統合的強制性，亦即目前「辯證法」的發展原型。在A Etzioni「辯證法」的發展理論上，歐洲經濟共同體（ＥＥＣ）與歐洲自由貿易聯合（ＥＦＴＡ）應該合併於高層次統合中的對峙單位。而荷比盧諸國是爲朝ＥＥＣ發展的候補單位。「辯證法」理論是古典的東西而非新產物，但倘在統合過程中將之類推時，則Etzioni的超國家主義之獨特見解是普受認同的。

(6) 倘Etzioni的「辯證法」發展理論只限於今日西歐之統合過程的話，則實證性可說太低了。例如，就如非德和皮爾松所做的反論一般，即使ＥＥＣ和ＥＦＴＡ是兩相對峙的單位，則統合行動的下一個合併步驟亦不一定要執行。該等情形在英國將統合方向自ＥＦＴＡ改爲ＥＥＣ時，即可明白看出。因爲ＥＦＴＡ缺乏如ＥＥＣ體制的團結性，且若視爲ＥＥＣ之對抗單位的話，則其本身亦會產生問題。Fedder and Pearson,『Four Ambiguities of International Integration,』op. cit., p.287. 又，就荷比盧事例言，亦有可能產生反論。其實爲了發展ＥＥＣ，荷比盧擔任其候補單位的必要條件是不一定要具備的。依Lindberg和Scheingold的研究發現，荷比盧三國可說是促使ＥＥＣ統合後退的因素。荷比盧三國在西德、法國、義大利的關稅標準中擅自提高其本國稅率，致使六國全體有必要再調整其貿易模式。Leon N. Lindberg and Stuart A. Scheingold, Europe's Would－Be Polity：Patterns in the European Community, Prentice－Hall, Inc., New Jersy, 1970, p.50.

(7) 莫內是ECSC構想，亦即「休曼計劃」的理論擁戴者，當時是法國的企畫院院長。從戰前開始，莫內就一直是有關國際機構方面的專家，渠於一九四〇年提倡法英政治聯合構想。哈魯斯坦因於五〇年代自學術界跨入政壇，特別是在當時頗受西德的阿登納首相賞識，曾任職外交部次長、外交部長，在EEC剛成立的同時，還擔任過EEC委員會的首任委員長。哈魯斯坦因是新功能主義統合之政策實踐者，具體地說，他不僅重視EEC委員會的超國家性，並與閣僚理事會對抗，強化其行政權限。有關哈魯斯坦因的個人背景及EEC委員會中的政治成績，可參考：Theo M. Loch, Walter Hallstein－Europa 1980 ;Einleitung und biographische Skizze, Eicholz－Vertrage－GmbH, Bonn, 1968.

(8) Lindberg,『Political Integration as a Multidimensional Phenomenon Requiring Multivariate Measurement,』International Organization, op. cit. ;Ney and Keohane,『Transnational Relations and World Politics,』op. cit. ;Keohane and Nye,『Transnational Relations and International Organizations,』World Politics, Vol. XXVII, No. 1, October 1974, pp.39－62.

(9) 高柳先男「功能性的統合理論」『國際政治』四十八號（日本國際政治學會編）有斐閣，一九七三年。大隈宏「區域統合之研究動向」『國際政治』四十八號。南義清「國際統合研究上，有關哈斯方法論—對歐洲統合過程中之spill over model的適用（上）」『一橋研究』第二十六號一九七三年。南義清「哈斯之國際統合理論與歐洲統合」『一橋論叢』第七十二卷第四號日本評論社，一九七四年。

(10) 第一章，三一七頁。

(11) Hass and Schmitter，『Economics and Differential Patterns of Political Integration：Projection about Unity in Latin America,』International Organization, Vol. XVIII, No. 4, Autumn 1964, pp. 705－737. ；Phillipe C. Schmitter, 『Three Neo－Functional Hypotheses about International Integration,』International Organization, Vol. XXII, No. 1, Winter 1969, pp. 165－169.

(12) C. L. Sultzberger，『Another Decline of the West,』New York Times, April 13, 1974.

(13) Karl Kaiser，『Europe and America：A Critical Phase,』Foreign Affairs, Vol. 52, No. 4, July 1974, p. 725.

(14) 有關EDC流產的原因請參照吉村健藏「歐洲之軍事性統合」『國際政治』一九六四年。

(15) Miriam Camps, European Unification in the Sixties：From the Veto to the Crisis, McGraw－Hill, Inc., New York, 1966, esp. pp. 116－117. ；Daniel Lerner and Raymond Aron（eds.）, France Defeats EDC, Prager, New York, 1957.

(16) 有關新功能主義方法論方面的批判頗多。例如：Kaiser，『The U. S. and the EEC in the Atlantic System：The Problem of Theory,』Journal of Common Market Studies, Vol. V. June 1967, pp. 388－425. ；Broce M. Russett, 『Transactions, Community, and International Political Integration,』Journal of Common Market Studies, Vol. IX, No. 3, March 1971, p. 243. ；Fedder and Pearson，『Four Ambiguities of International Integration,』Political Sci-

ence Annual, op. cit., p. 285.

(17) Cantori and Spiegel,『The Analysis of Regional International Politics：The Integration versus the Empirical Systems Approach,』International Organizations, op. cit., esp. p. 474, p. 485. 關於此點，新功能主義者這方面也正提出問題，其係六〇年代的J・S・奈因所提出的。Nye,『Patterns and Catalysts in Regional Integration,』International Organization, Vol. XIX, No. 4, Autumn 1965, p. 881.

(18) 將交流主義手法導入統合理論的代表性學者是K・W・杜意奇。Karl W. Deutsch, Nationalism and Social Communication, The MIT Press, Cambridge, 1966.；Deutsch et al., Political Community and the North Atlantic Area, Princeton University Press, Princeton, New Jersy, 1957.

(19) Deutsch,『Communication Theory and Political Integration,』Philip E. Jacob and James W. Toscano (eds.), The Integration of Political Communities, Lippincott, Philadelphia, 1964, Chap. 2.；Deutsch,『Integration and Arms Control in the European Political Environment,』American Political Science Review, Vol. LX, No. 2, June 1966, pp. 354－365.

(20) Russett,『Transactions, Community and International Political Integration,』Journal of Common Market Studies, op. cit., p. 243.；Russett, International Regions and the International System：A Study in Political Ecology, Rand McNally, Chicago, 1967, esp. pp. 95－96.

(21) 拙稿『A Revised Quantitative Analysis of European Integration,』an unpublished paper presented to Professor Paul

Berman and Professor Bruce M.Russett at Yale University, 1972, pp. 5 – 13.『chooser – chosen』Russett『「Regional」Trading Patterns, 1938 – 1963,』International Studies Quarterly, Vol.12, No. 4, December 1968, p. 362. 本稿的經濟性相互依賴原型是加了所謂第一次接近原型的限制條件。至於補注的(2)，只是限於有關本稿之原型的findings之一而已。

(22) Lindberg and Scheingold, Europe's Would – Be Polity, op. cit., p. 74ff.

(23) Fedder and Pearson,『Four Ambiguities of International Integration,』op.cit., pp. 295 – 296.

(24) J. Scott Ketlie (ed.), The Statesman's Yearbook, Macmillan, London,1915.

(25) Nye,『Comparative Regional Integration : Concept and Measurement,』International Organization, Vol. XXII, No. 4, Autumn 1968, pp. 855 – 880.

(26) 特別重視統合過程中精英份子間相互反應的，在新功能主義者裡也是哈斯。根據哈斯的論點，在統合上，精英份子是重要的社會推動者，所謂精英份子係指權力集團之領導者、實業家、勞動工會的領導者，乃至於政黨或政府的高級官員。Haas, The Uniting of Europe : Political, Social, and Economic Forces, 1950 – 1957, Stanford University Press, Stanford, Calif., 1958, Chap. 1, esp. 17.

(27) Puchala,『Of Blind Men, Elephants and International Integration,』Journal of Common Market Studies, op. cit., pp. 277 – 282.

(28) SALT交涉的僵局最近（＊當時）有漸趨明顯的傾向。美蘇在一九七四年十一月的「海參崴限武談判」

（有關M－RV式飛彈以一三二〇座爲其上限及戰略核武運輸工具二四〇〇上限之交涉」後，SALT交涉幾乎無所進展。該交涉並非正式的協定，且SALTⅠ期的中間協定也於一九七七年十月宣告失效。其間美蘇又只顧發展擴軍事宜，結果，抑止核武（＝相互保持反擊能力）的目標也就難以取得協調。其根本原因，與其說是美蘇對戰略想法的不一致，還不如說歸根於尋求安全保障之國家利益的無抑制力學。曾深入分析該項因果關係的有Paul Doty, Albert Carnesale & Michael Nacht,『The Race to Control Nuclear Arms,』Foreign Affairs, Vol. 55, No.1, October 1976, pp.119－132.

(29) 有關「自閉症」的理論，最早是西德的學者Dieter Serghaas在冷戰緩和期爲說明擴軍行動之逆流理象所提出的一種概念原型。雖然國家利益的自我運動力學與擴軍行動的「零和」戰之本質有一段距離，但就統合現象言，該作用的啓蒙效果依然存在。至於哈斯的右述原型，請參考「核子時代的和平學」（時事通信社、一九七五年、三〇五－三〇六頁）或者渠本人的論文「擴軍力學與裁軍」。

(30) D. J. Puchala發表和諧體系原型（Journal of Common Market Studies, Vol.X, No. 3, March 1972）後，許多人都將焦點集中在國家利益抵抗力學作實證發展。Donald J. Puchala,『Domestic Politics and Regional Harmonization in the European Communities,』World Politics, No. 4, July 1975, pp. 496－520.

(31) 有關該兩者的體系比較，請參照第五章「國際統合及EC之行動方式——和平力學」。

(32) M. A. Kaplan所謂的「體系分析」在驗證統合體系的動態性時，具有重要的意義。根據Kaplan的看法，並非是作〈平衡〉即是〈安定〉的保證。而是具有〈安定性的平衡〉和〈不安定性的平衡〉兩種特色。當拉鋸戰展開時，就組織性來講，前者的安定性面較具有強力的作用。但當拉鋸少了其支點時，拉鋸戰終究無法作動，〈平衡〉狀態消失，反而轉成〈不安定〉之力學。其實統合力學也發現了右述的支點，所以它亦包含了將不同性質體系的摩擦運動轉變為〈安定性平衡〉的過程。有關該論點請參照第五章。Morton A. Kaplan, System and Proecss in International Politics, John Wiley & Sons, Inc., New York, 1957, esp. Chap. 1.

(33) Ernst B. Haas,『The Study of Regional Integration：Reflections on the Joy and Anguish of Pretheorizing,』International Organization, Vol. XXIV, No. 4, Autumn 1970, pp. 607－646.；Karl W. Deutschet al., Political Community and the North Atlantic Area, Princeton University Press, Princeton, New Jersy, 1957. 至於尖銳地指出該兩者規範性之分析傾向的，則有Louis J. Cantori and Steven L. Spiegel,『The Analysis of Regional International Politics：The Integration versus the Empirical Sytems Approach,』International Organization, Vol. XXVII, No. 4, Autumn 1973, esp. pp. 468－480.

(34) Haas, The Uniting of Europe：Political, Social, and Economic Forces, 1950－1957, Stanford University Press, Stanford, Calif., 1958, p. 16. 作為發展此項論點之嘗試，可參閱第五章。

(35) EC獲得聯合國之觀察員資格後逐漸展開對外的統一行動。在這種資格下，EC團結起來例如決定對開發中國家給予一億五千萬美元的特別基金援助。WernerJ. Feld, The European Community in World Affairs：Economic Power and Political Influence, Alfred Publishing Co., Inc., New York, 1976, pp. 31－32.

(36) 有關傳播媒體之調查結果請參閱Les Europeens¨ Qui a l'Europe, the Directorate General for Press & Information

of the Commission of the European Communities, Brussels, May 1970, pp. 11－13. 另有關菁英方面之調查結果可參閱Werner J. Feld and John K. Wildgen,『National Administration Elites and European Integration Saboteurs at Work?』Journal of Common Market Studies, Vol. XIII, No. 3, March, pp. 245－265.

(37) 兩者觀察的結果，在EC統合中「心情屬性」之移轉過程上，主控階層與精英份子的立場存有顯著的差距。對於實現EC共通對外政策之可能性方面，前者表示舊六國平均數值達七二%，而後者認爲僅有四九%。又，就主控階層言，若加入英國的事例（＝二七%），則各加盟國的差距將更加顯著。同時精英份子的組織中亦可窺其偏差傾向。特別是EC中強國的官僚對於「心情屬性」的移轉，至今仍存有抵抗的現象。西德的一七%、法國的三六%，在在證實了這種傾向。其內容極爲重要，俾據以證明EC在擴大以後，有關統合失控情形的資料。

(38) 在國家利益的紛爭狀況中尋求國際政治傳統型體系之本質，並以作用構造的角度探討「恐嚇體系」正當性之論點著作很多。其中較具說服力的有Stanley Hoffmann, The State of War：Essays on the Theory and Practice of International Relations, Frederick A. Prager, New York, 1965, esp. Chap. 6.

(39) 曾論證過「振幅運動」的有Paul Taylor,『The Politics of the European Communities：The Confederal Phase,』World Politics, Vol. XXVII, No. 3, April 1975, pp. 336－360. 泰勒稱此爲〈跨國家主義〉與〈國家主義〉間的振幅運動。

(40) Report of a Federal Trust Study Group,『The Institutional Structure of the European Communities,』Journal of

Common Market Studies, Vol. XII, No. 4, 1974, pp. 373－409.

(41) Ibid., pp. 376－377.

(42) Puchala,『Domestic Politics and Regional Harmonization in the European Communities,』op. cit., pp. 498－507. 至於ＥＣ統合裡有關國家主義的實質分析，可參照荒川弘「歐洲共同體－其內部矛盾與歐美關係」（岩波書店）一九七四，特別是本書第五、六、七章。

(43) 在這個論點的同時，由於統合中的相互依賴體系密度高漲，所產生的國家間相互作用之負面效果亦起了連帶作用。R. Rosecrance將其視爲普遍存於各加盟國間的「人質」（hostage）效果。Rosecrance, International Relations : Peace or War ?, McGraw－Hill, New York, 1973, esp. pp. 291－292.

(44) Stanley Hoffmann,『Choices,』Foreign Policy, No. 12, Fall 1973, pp. 6－12.

(45) 在擴軍和核武生產技術的領域上，「最嚴重事件」的預測一直是以政策力學之基礎面貌在作用著，那只是「戰爭狀況」遊戲的另一種表現而已。關於此點，有Paul H. Nitze,『The Strategic Balance between Hope and Skepticism,』Foreign Policy, No. 17, Winter 1974－75, pp. 136－156.

(46) Hoffmann,『Choices,』op. cit., p. 5.

(47) 特別強調此點的有Puchala,『The Pattern of Contemporary Regional Integration,』International Studies Quarterly, Vol. 12, No. 1, March 1968, p. 41.

(48) Roy Pryce, The Politics of the European Community, Butterworth, London, 1973, esp. pp. 1－6.

(49) 事實上，EC統合的行動主旨完全脫離了軍事爭端。但是，因EC與局外體制的接觸作用所產生的軍事爭端之可能性不能說毫無可能。「危機媒介」論即是最佳證明。由於國際危機的產生很可能會帶給EC軍事性方面的波及效果。

(50) John Newhouse, Collision in Brussels：The Common Market Crisis of 30 June 1965, Faber & Faber, London, 1967, esp. Chap. V, Chap. VI.

(51) Taylor,『The Politics of the European Communitis：The Confederal Phase,』op. cit.

(52) 將國家利益的構造原型予理論化的有Hoffmann,『Choices,』op. cit., pp. 6－12.；Joseph S. Nye,『Transnational and Transgovernmental Relations,』New Dimensions of World Politics, Geoffrey L. Gordon & Andrew Linklater（eds.）,Croom Helm Ltd., 1975, p. 36.

(53) 對此點做過詳盡查證有European Security and the Atlantic System, William, T. R. Fox & Warner R. Schilling（eds.）, Columbia University Press, New York & London, 1973, esp. pp. 119－155.

(54) Elmer Plishke,『International Integration：Purpose, Progress, and Prospects,』Systems of Integrating the International Community, Plischke（ed.）, D. Van Nostand Co., New York, 1964, pp. 3－5. 其實最大的特質即是對該統合的「民族國家體系」挑戰的性格，同時並預定了統合中政策決定構造的變化（＝「國家獨占型」→「共同體獨占型」）

(55) 傳統型體系之原型可自歐洲國際關係的成立中清楚地看出。亦即意味著自此告別中世紀的封建體制。以民族和領土為兩軸心的國家自律權之確保，還有國家間對稱性之相互作用在此均成了右邊傳統型體系的構造規則。該體制橫跨了三世紀且繁衍至今，這樣的歷史背景，自始即包含了許多富有〈繼承、造反〉的小插曲。有關該項歷史性的展開，下列著作試就體系性的分析做了詳盡的描述。Karl J. Holsti, International Politics : A Framework for Analysis, Prentice Hall, Inc., Eeglewood Cliffs, NewJersy, 1972, esp. Chap. 3.

(56) 脫國家型體系之構造及作用的特色在原型中，倘與國家中樞原型之構造、作用比較則越發顯著。在六〇年代末期以後，在理論性上的貢獻特別因奈因和柯翰而益加發揚光大。Joseph S. Nye and Robert O. Keohane,「Transnational Relations and World Politics : An Introduction,」Transtional Relations and World Politics, Keohane and Nye（eds.）, Harvard University Press, Cambridge, Mass., 1970, pp.ix – xxix.

(57) 此種「對峙效果」在EC案例上，最能自委員會和閣僚理事會所發引的變形分極構造上反映出來。較象徵性的事例可從六〇年代中葉時W・哈爾斯坦因EEC委員長及法國戴高樂總統的領導權之爭中看出。Stuart A. Scheingold,「De Gaulle v.s. Hallstein : Europe Picks Up the Pieces,」The American Scholar, Vol. 35, No. 3, Summer 1966, pp. 474 – 488.

(58) 有關EC委員會之脫國家性格可參照Report of a Federal Trust Study Group,「The Institutional Structure of the European Communities,」op. cit., pp.383 – 385.

(59) Nora Beloff, The General Says NO, Penguin Books, London, 1963, p. 123.

(60) 被視為歐洲次元（＝EC）化之次國家性主體，並握有重要權力者是COPA，還有工業部門中的UNIC

E和勞組部門裡的ETUC。可參照Feld, The European Community in World Affairs, op. cit., pp. 43–47.

Emil Kivchner and Konrad Schwaiger, The Role of Interest Groups in the European Community, Gower Publishing Company Ltd., 1981.

第四章　ＥＣ決策體系及主要機構

一、序　論

㈠ＥＣ（歐洲共同體）共同政策的範圍包括有關稅、農業、通商、運輸、教育等。L.N.Lindberg和S.A.Scheingold將這個範圍分爲四大領域，分別是①對外關係、②政治制度、③社會文化、④經濟甚而分類成二十二個功能領域⑴。另在各種不同的功能領域裏設立了針對共同政策作立案、審議、決策、實施、監督等功能之機構。在ＥＣ當中，當時的各主要機構包括如下：ＥＣ執行委員會（Commission of European Communities）、ＥＣ部長理事會（Council of Ministers）、歐洲議會（European Parliament）、歐洲法院（Court of Justice）⑵。近年來更加入了常駐代表理事會常駐代表委員會(Comite'des Representants Permanants)。在ＥＣ的決策體系中所佔的重要性與日俱增。前四個機構是根據羅馬條約（一九五七年三月簽訂）成立的，後者的常駐代表委員會則是簽訂該三個共同體（ＥＥ

C（歐洲經濟共同體）、RURATOM（歐洲原子能共同體）、ECSC（歐洲煤鋼共同體））的「合併條約」（一九六五年四月）簽訂後，經由共同條約之正式承認，成爲一正式的組織⑶。EC的決策架構具有何種特色？本章將分就EC主要機構的結構進行討論。首先擬就其決策體系分析其特異性。

EC決策架構的第一特色是求取雙頭型政治體系的可行性。所謂「雙頭型」政治體系即指EC執行委員會所提出的政策決議案，復經由EC部長理事會予以裁決定奪的一種二重架構的體系。該二重架構是依據羅馬條約（第一四五條、第五二條、第一五五條的規定）加以明文化⑷。同時將EC的決策模式予以單純化的一個圖解，實際上另包括由會員國的大使官員所組成的常駐代表委員會以第三行爲主體的立場加入。另EC執行委員會在提出共同政策案時，須事先向常駐代表委員會照會及與各會員國政府磋商。而EC部長理事會則須在決策階段與常駐代表委員會密切協商，然後根據實際情況修正或變更政策⑸。如此，EC全體的決策架構是由執委會及部長理事會分工，可說具有互補的作用。EC執委會提出的共同政策案，則由EC部長理事會決議。P. Taylor 將這種角色分配比喻爲（投手）（＝執行會）與（捕手）（＝部長理事會）的互補關係⑹。

正如右述的「雙頭型」政治體系，倘執委會與部長理事會的互補作用果能有效發揮功能的話，理論上便能達到EC決策構中所謂力學上的平衡（equilibrium）。但是，EC二十多年來的歷史，卻證實了達成該種力學上平衡點的困難度。明顯的例子如：六〇年代中期的「馬拉松政治危機」。該危機發生在實施共同農業政策（Common Agricultural Policy）的問題上。法國與其他五個會員國及EC執委會的利益衝突，一直持續發展，從一九六五年六月到六六年一月，爲期達七個月之久，(7)證明了EC決策體系中不均衡力學之比率如此之高。

因此，EC決策架構的第二個特色便是匯集了「雙頭型」政治體系在力學上所深蘊的不平衡現象。

(二)執委會及部長理事會何以如此輕易發生不平衡現象？實有必要加以探討。其中最重要的理由是，EC決策體系並不以「政府間主義」（intergovermentalism）爲導向，而以新的超國家主義（supranationalism）的理念做爲集體決策系統執行的依據。換言之，EC政策一開始便有意走向因「政治統合」而轉變成「超國家主義」的決策結構(8)。當時，所謂「政治統治」如同被詬病的內容一般，主張放棄對國家的歸屬感（Nationalism 或對國家的忠誠）、國家主權（國家的存在價值及對外決策權），可說是一種創造新的國際共同體（＝超國家共同體）的一種過程(9)。尤其是後者所提到的國家主權，放棄它或轉讓它，無疑是將EC的決策結構由傳統的國家獨占方式轉換成國家。共同體的混合方式，在理念上，是以建立共同體獨占方式爲目標(10)。

不可否認的，這種統合的架構業被導入EC的決策體系當中。而事實上，執委會及部長理事會所謂的力學上的不平衡特質，與將新統合架構放入會員國的利益調整方式有著密切的關係。擬就該等因果關係，更具體地舉例說明。倘使用代表「政府間主義」的體系概念，則其行爲主體爲部長理事會。

部長理事會明確劃分了EC九個國家的國家利益，並以調整對立的國家利益為其主要的運作目標。此為傳統的政府間機構所具有的特色。但是，EC執委會在組織的性格上卻與理事會全然不同。因為執委會並非代表會員國的國家利益，也不是反映傳統的一個國際機構。該會是一個與以國家利益行動為主的國家主體完全不同立場的無政府組織（non－govermental organization），以便追求及擁護歐洲共同體的利益，那是一個以脫國家行動軌跡為導向的獨立政治主體（羅馬條約第一五七條第二項）(11)。若對照所提過的體係觀念，便可看出執委會的特色實為一具有實現「超國家主義」理念的行為主體。

換言之，EC執委會為一穩定發展統合體系精髓的行為主體。而EC部長理事會則是扮演適時阻止統合體系過度實施的一個查核角色，走的是傳統型國家間政治體系的路線。兩者在統合的理念下，對於共同體決策的方式存有對立的關係。因此，EC決策體係的「雙頭型」政治體系，因不同的任務，以致於拉鋸戰由此展開。事實上試窺EC的行動軌跡則不難發現，與其在執委會及理事會的協調上下工夫，不如任該拉鋸戰繼續發展下去。對於該具有如此特異的EC決策體系性格，S.A.Scheingold 稱之為「守護神」，而Beloff 則分析為執委會——「羅馬教皇」及部長理事會——「神聖羅馬帝國」之間一樣的矛盾關係(12)。

(1)　Leon N. Lindberg and Stuart A. Scheingold, Europe's Would－Be Polity：Patterns of Change in the Eurpean Community, Prentice－Hall, Inc., New Jersy, 1970, esp. pp. 71－74.

(2)　分析EC主要機構的參考書籍如，Emile Noel, How the European Community's Institutions Work, Community

Topics 38, European Communities Press and Information Service, London, The Politics of the European Community, European Community Studies, Butterworths, London, 1973, esp. pp.52－101.

(3) 「融合條約」(Merger Treaty) 的正式名稱爲Treaty Establishing a Single Conucil and a Single Commission of the European Communities。常駐代表委員會是根據該條約的第四條而被承認。該規定：「常駐代表委員會之主要任務是，負責及準備理事會的召開事宜及處理理事會的交辦事項」。

(4) 針對該二重架構體系的特異性，作實證分析的有，Leon N. Lindberg, The Political Dynamics of European Economic Integration, Stanford University Press, Stanford Calif., 1963, esp. Chap. Ⅳ。

(5) 關於這一點，如，Werner J. Feld, The European Community in World Affairs：Economic Power and Political Influence, Alfred Publishing Co., Inc., New York, 1976, esp. pp.39－43.

(6) Paul Taylor, The Politics of the European Communities：The Confederal Phase, World Politics, Vol. XVII, No. 3, April 1975, pp.336－360.

(7) 參考下一章「國際統合及EC的行動模式——和平的力學——」。對於EC「馬拉松政治危機」歷史的來龍去脈作詳細研究的書籍如下，John Newhouse, Collision in Brussels：The Common Market Crisis of 30 June 1965, Faber & Faber, London, 1967, esp. Chap. V, Chap. Ⅵ.

(8) 該事件匯集了執委會各個成員及EC統合研究的一致意見。關於轉變的「國家型」決策體系的研究主張，最受標榜者如執委會的初代委員長——Walter Hallstein, The European Community and Alantic Partnership, International

Organization, Vol. XVII, No. 3, Summer 1963, esp. 781. ；Walter Hallstein's Speech before Institut für Weltwirtshaft an der Universität Kiel, February 19, 1965. 接著，所提的政治主張，係以EC的委託研究爲名義，於一九七四年寫的「黑尼費報告」中被明確肯定。同時也提倡了EC「聯邦制型」的決策體系模式。Roport of a Federal Trust Study Group, The Institutional Structure of the European Communities, Journal of Common Market Studies, Vol. Ⅷ, No. 4, 1974, pp.373－409.

(9) 關於該論點，可參考，Ernst B. Haas, The Uniting of Europe ：Political, Social, and Economic Forces 1950－1957, Stanford University Press, Stanford, Calif., 1958, esp. p.16. 可分統合國家的歸屬感及國家主權所代表的意義，可參照前一章。

(10) Lindberg and Scheingold, Europe's Would－Be Polity, op. cit., esp.Chap. Ⅳ.

(11) 執委會及理事會在組織上的性格差異，可說是在EC統合上的異質性系統之間所產生之對峙效果的副產品。是新舊行動任務（=「超國家型」VS.「國家型」）的對峙效果。關於該論點，可參照前一章。

(12) Stuart A. Scheingold, De Gaulle vs. Hallstein ：Europe Picks Up the Pieces, The American Scholar, Vol. 35, No. 5, Summer 1966, pp. 474－488. ；Nora Beloff, The Genearl Says, No, Penguin Books, London, 1963, p.123.

二、決策力學的變化

㈠具有「雙頭型」體系特色的ＥＣ決策體系，在所謂的力學上是如何的發展？六〇年代後半以來，變化的色彩漸濃厚。觀其轉變的趨勢，可由理事會優於執委會的權力結構上看出其端倪。力學上的拉鋸戰明顯地朝向理事會有利的方向作用。該現象，意味著執委會與理事會之間，在理論架構上的互補功能漸漸失效。爲了改善互補功能的失調，在一九七二年出現了強化歐洲議會構想的執委會報告(Report Vedel)⑴。在該報告中對於ＥＣ決策權力結構的轉變，有如下的敘述。

「實際上，共同體係依據許多條約所制定的功能以爲依歸，並循序漸進。比如說，循歐洲法院的功能運作，便是一個例子。同時，也經歷了共同體決策中樞所規定之制度上的權衡及基本上的修正，故對該變化有必要作分析。將ＥＥＣ（歐洲經濟共同體）條約的各項規定及一般理念，凸顯於ＥＣＳＣ的常規運作，並予以持續不斷。致部長理事會在共同體的決策結構下占了優勢。但，實際的常規運作僅止於提昇優勢上的功能。換言之，理事會有時是共同體機構，有時是各國連合體的角色，其優勢亦成爲決策體系中唯一具有效力的力量。的確，該傾向使得條約無法在理事會及執委會之間找到著力點，但不致於瓦解彼此間緊密的相關組織結構，事實上，並非如此。該兩機構的協調關係，產生了極大的不平衡，尤其是有利的方向較偏向理事會一方。其中最重要的所謂制度不平衡的問題，發生在立法權及執行權等政治功能的發揮上。依據各條約所示，理事會在多處的權限方面是被承認的，但卻不足以影響執委會的政治功能。事實卻不盡然。執委會必須透過提議權及扮演調整著的角色，俾以實現其政治功能(2)。

基於上述的事實認知，特別是在擴大ＥＣ開始之一九七三年，ＥＣ的相關人員及專家間即已達成一致的協商共識，正如黑尼費報告中所指出，決策權力的轉變以及力學的變遷原因在於ＥＣ統合所謂的法統的缺失。為彌補此缺失，便出現須強化歐洲議會權限的論調(3)。可明顯地看出，其與「Report Vedel」的構想同出一轍。然而，ＥＣ決策權力結構的轉變，何以有利方向會偏向理事會？又其轉變的歷史性契機為何？

首先探討該歷史之契機可追溯至一九六六年一月結束馬拉松政治危機的「盧森堡妥協」「Luxembourg Compromise」的一項聯合聲明上。「馬拉松政治危機」爭執點之一的即是，是否提高ＥＣ執委會在財政及行政上的權限。亦即，在施行共同農業政策方面，所必要的財源被會員國的共同關稅（針對農產品、工業製品兩部門課徵）所徵收，而徵收的稅是否歸執委會接管？「Luxembourg Compromise」曾做了一個歷史性的答覆。該妥協內容係將執委會的財政權及行政權分開，並且行政權也受到許多的限制。一九六六年因法國方面的堅持所造成的妥協，削弱了理事會在決策權力結構中的權限。法國據此主張並提出了更具體的「一〇條要項」可歸納為以下三點(4)。

①執委會必須放棄做為共同政府之先導。尤其外交使節的信任狀必須委由執委會的委員長提出之

「錯誤想法」必須放棄。

②執委會必須放棄對理事長在共同體的權限約束，且各代表必須對會員國的政策採取中立的立場。

③理事會所賦予執委會的權限，無自由裁量的解釋權利，亦無全權負責的權利。法國所提出的主張，很明確地，是將執委會過去的任務（提議權及調停政策之利害關係的角色扮演亦即技術性的、行政性的任務降低。目的在於凸顯執委會乃是附屬於理事會的一種協助機構的性質而已。另導入上述主張的「盧森堡妥協」，業已摧毀了執委會在未來EC統合中成爲歐洲政府的努力。也產生了EC決策體系中一個重要的副產品。亦即理事會之決策手續問題，根據「盧森堡妥協」之規定，會員國在決定有關重要共同體利益的決策時，同意採取「全會一致（unanimity）的手續方式。所謂重要的利益，理所當然當會被各會員國的決策者所左右。因此，各會員國面對任何攸關自己國家「生存利益」決策的爭論時，理事會則有行使「否決權」（Veto）的權力。如此一來，理事會過去已制度化的「多數領導少數」的投票手續運用將更加困難(5)。

緣此，EC決策體係中所謂的「超國家主義」理念可謂開了倒車，是以理事會的標準將「政府間主義」予以制度化。事實上，「盧森堡妥協」是一個歷史的轉捩點，它確保了理事會的優勢。有許多事實可資證明，例如，理事會的協助機構「常駐代表委員會」（Coreper）在EC的決策體系中，其重要性已占了相當大的比例。尤其，常駐代表委員會的決議，不用透過理事會的「A項」手續（Point

A）討論，可見其重要性了。另根據H. Wallace 的研究指出，理事會在一九六九年、一九七〇年之際，執行該手續時，分別占了四九七、五九九，雙方約占了全體決策的百分之七十的高比例⑹。甚至自「盧森堡妥協」以來，一九六九年十二月的海牙首腦會議以及一九七二年十月舉行的巴黎首腦會議，在在都證明了該理事會的地位。其中頻繁的「首腦外交」，也證實了一件事，那就是有制度地強化了象徵理事會型態的決策結構。

㈡倘將前面所述決策力學的轉變，比較該體系模式來看的話，其特色如何？說穿了，就衡量執委會和理事會之間力學的均衡點——「雙頭型」系統（＝模式A），及至重新將理事會置於力學的頂點——「金字塔型」系統（＝模式B），其間轉變的過程，乃是其特色。處此情況，模式B並非現實中的EC決策體系。但是，隨著過去模式A的體系逐漸崩散，而理事會的優勢條件，又起不了基本變化，那麼處此情況，模式B的實現率是可預期的，AB兩個模式的相異點，可歸納為以下各點：

①模式A，常駐代表委員會的決策權不介入權力中心，僅為理事會的一個諮議機構。相對之模式B，其地位與執委員會相同，且是EC全體的諮議機構。

②模式A，執委會在決策中樞占了重要席位，另，模式B中的執委會，其地位降至EC中的一個諮議機構。

③模式A中的歐洲議會為EC全體的一個諮議機構，並發揮其作用。但在模式B中，歐洲議會卻只能以一個執委會的下游機構自居，發揮其有限的功能⑺。兩模式可以為圖一、圖二兩圖表。

図1　双頭型体系（＝模式A）

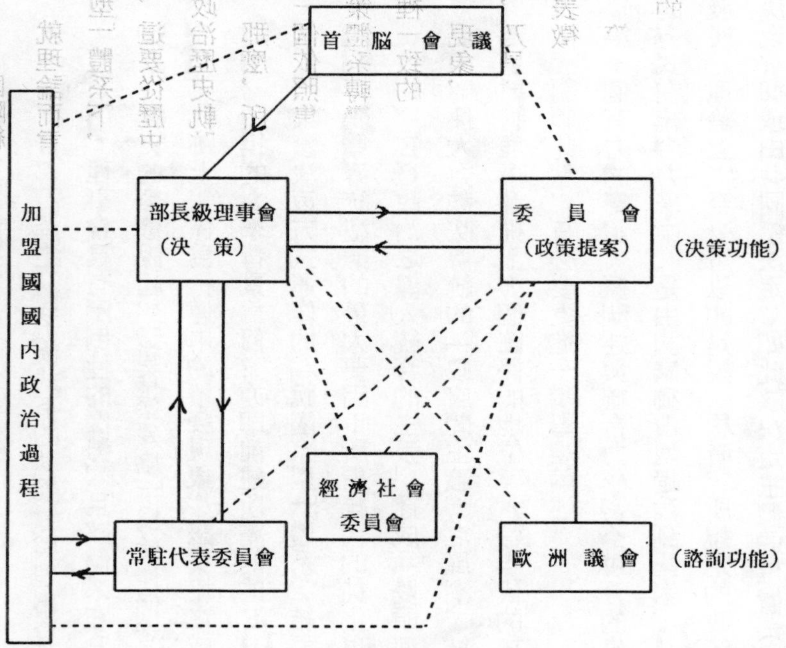

図2　金字塔型体系（＝模式B）

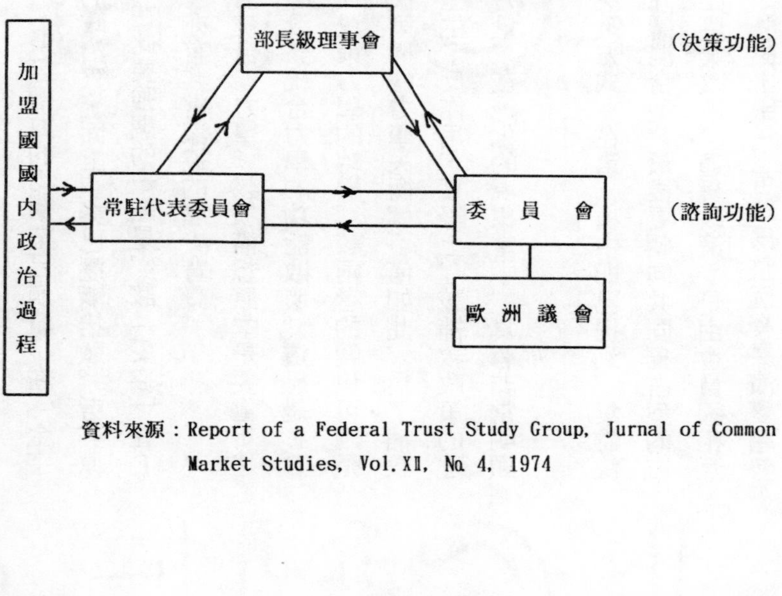

資料來源：Report of a Federal Trust Study Group, Jurnal of Common Market Studies, Vol.XII, No. 4, 1974

就理論而言，「雙頭」體系模式下的執委會與理事會之間，渠等權力的均衡業已崩潰。在「金字塔型」體系下，理事會具有壓倒性的優勢，且該體系在EC的政治實施面上，業已逐漸抬頭。考其原因，這要從歷史的契機說起，「盧森堡妥協」爲始作俑者。但在此要強調的一點是，該「妥協」在EC政治歷史軌跡上，係爲一連串的續發現象，該妥協之成立，亦有非常深遠的歷史背景。

那麼，所指的力學背景爲何？亦即前述所謂的的EC政治統合、力學。該項構想原本是要重新建立一個依照集體決策方式運作的「脫國家型」體系，結果卻導致該統合力學的功能敗壞。這恐是EC決策體系轉變爲傳統型態的最大要因！所謂統合的鈍化現象及決策力學的轉變，該兩者的關係可謂是表裡一致的。EC政治之導入統合的主張，遂成「雙頭型」決策構的力學失衡。不僅如此，爲了補救此一現象，便大力鼓吹傳統的「政府間主義」之風潮，結果產生了反作用。實際上，該補救政策的理念，乃是要將理事會推上一個確保的地位。六〇年代的統合力量，在鈍化的現象當中，具有非常明顯的表徵。關於此點，有必要更進一步舉證論述。

第一個有力的舉證，擬闡述與統合力學密不可分的集體決策方式。在第一項中即已提到，集體決策的方式在統合力學中，是由國家獨占型過渡到國家，及共同體混合型，最後更朝向共同獨占型的方向發展。理論上，至少可以如是說。屆時，所規定的政策（如農業政策、通貨政策）是由會員國相互作決定？抑或由共同體決定？如此該決定主體的位置（locus of decision），可做爲整個發展演變趨勢的識別準則。這個手法，在七〇年由L. N. Lindberg 及S. A. Scheingold 率先提出的(8)。因此，就姑且

表1　在EC決策之中樞階段（1950～1970）

決定中樞的階段	政策功能領域：對外關係	政治制度	社會文化	經濟
1.由國家獨占	10（N） 63（%）	7（N） 58（%）	7（N） 58（%）	23（N） 48（%）
2.影響共同體之決策	4 25	3 25	2 17	12 25
3.國家優先之混合方式	1 6	2 17	3 25	8 17
4.共同體優先之混合方式	1 6	0 0	0 0	5 10
5.由共同體獨占	0 0	0 0	0 0	0 0
總數	16（N） 100（%）	12（N） 100（%）	12（N） 100（%）	48（N） 100（%）

注：左邊的數字係指相當於各決定中樞階段之政策領域之數目。右邊下的數字乃指其各政策功能領域全部所佔之比率，此外，也有加各階段之比率。

資料來源：Leon N. Lindberg and Stuart A. Scheingold, Europe's Would－Be Polity: Patterns of Change in the European Community, p.74.

稱之爲Lidberg = Scheingold 模式。在這個模式中，加上了二個決定主體的位置，形成五個階段。即，①國家獨占階段、②共同體決策方式的初期性導入階段、③國家導向的國家、共同體混合階段、④共同體導向的混合階段，然後才是⑤共同體獨占階段。以上各階段在EC的政策領域裡，實際上係各處於何種地位？如果均予以逐項展開的話，則EC集體決策方式的政策實踐程度，便可明朗化了。同時，也可做爲統合進度的測量指標。倘使用這個指標來分析，EC統合終究是走進了鈍化之末路。在各個政策領域裡，其程度雖有所差異，但就全體而言，則可作成如下之結論。

表1，在決策力學中，EC集體決策的方式何以沒有有一個定案？其動向應該是很清楚的。可引證第五階段的共同獨占方式一欄，看

表2　EC決策的中樞度（1950～1970）

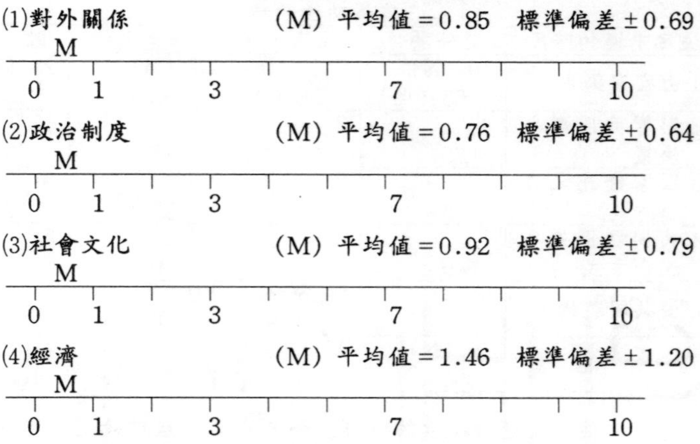

不到任何一個政策功能領域占據其中。再則，該分佈圖呈現二個不可忽略的事實。一個是屬於對外關係的政策功能領域，在國家獨占一欄上，占了很高的點數（63%）。另外一個，在第四階段，也就是共同體導向的混合階段裡，占了最高數值的領域是經濟關係。該事實在整體來說，並非決定性的關鍵，但意味著統合力學正邁向經濟之途。爲了更明確地檢視這個事實，擬將 Lindberg = Scheingold 的分析資料，用統計學的方法來剖析(9)。首先，各決策中樞階段，用數值予以分置。然後將用來表示尺度的點數先設定好。作爲①國家獨占爲0、②共同體決策方向的初期導入階段爲1、③國家導向的混合階段爲3、④共同體導向的混合階段爲7、⑤共同體獨占階段爲10的指標。如此的數值分置，原本就是任意設定的。但是，有關各階段的移轉過程，困難度的比例當然是有所不同。比如說從①移轉到②的統合的困難度與③到④的困難度，必然有所差別。原因是，由於從③到④的決策方式移轉，已從國家獨占型改變成共同體獨占的型態。其次，在各政策領域中，將相當於決定中樞的數值比機率與率重取。並組合以上兩種方法，便可測出各領域的決策中樞位置。然後將定標的平均值，用以下的程式予以演算。

平均值 = $\sum_{i=1}^{5} S_i \times P_i$（$S_i$ 是加重數值、P_i 是機率（%）、i 是決定中樞的數值表示）。以此方式與表1配合，便成表2。表2，可明顯看出，EC集體決策方式的功能已趨崩潰。共同體決策力學，惟有在經濟政策領域中得以萌芽。其他的政策領域，全都集中在國家獨占型的階段中。統合力學的鈍化現象，實因EC決策力學的轉變背景有以致之。

(1)「Report Vedel」的正式名稱爲，「研討擴大歐洲會議權限問題之作業部會報告書」(Report of the Working Party examining the Problem of the Enlargement of the Powers of the European Parliament)。Bulletin of the European Communities, Supplement, April 1972. 根據一九七〇年四月二十一日的決議，執委會向擁有獨自的財源、更在同年四月二十三日的「盧森堡條約」中，對於現存各條約的預算規定實施修改，引發了EC政策對於歐洲議會的立法及加強預算權限問題的爭議。爲此，執委會在一九七一年七月二十二日的會議，設立了臨時的作業部會，俾針對歐洲議會的擴大權限問題，組由專家團體共同研討。以法國的Vedel 教授爲委員長，及由其他十四名專家共同組成。該作業部會所審議匯整的分析及政策宣言，便是所謂的「Report Vedel」。

(2) Report Vedel, ibid., p.25.

(3) Stanley Henig,「New Institutions for European Integration」,Journal of Common Market Studies, Vol. XII, No.

2, December 1973, pp.129－137.

(4) Christoph Sasse, Edward Poullet, David Commbes, Gérard Deprez, Decision Making in the European Community, Prager Publishers, Inc., New York and London, 1977, pp.186－191, esp. p.190.

(5) Ibid., p.191.「Report Vedel」, op. cit., pp.26－27.

(6) Helen Wallace, National Governments and the European Communities, Chatham House：PEP, London, 1973, esp. pp.56－68.

(7) 但在歐洲議會之EC決策體系的地位，預料不會像B模式般的下降。如同EC的委託研究報告書（「黑尼費報告書」）及「Report Vedel」所指出的——強化歐洲議會的權限（立法及預算權限）爲EC政治當前兼具緊急及重要性的課題。在後來的「Tindemans 報告」中（Leo Tindemans, European Union：Report to the European Council, Brussels, December 1975.）也持續著這個構想，並於一九七九年舉行了第一次歐洲議會的「直接選舉」。

(8) Lindberg and Scheingold, Europe's Would＝Be Polity, op. cit., p. 74 ff.

(9) 拙稿 A Revised Quantitative Analysis of European Integration, an unpublished paper submitted to Professor Bruce M. Russett at Yale University 1972, esp. pp.15－19.

三、主要機構

ＥＣ決策體系正如以上所提到的論調，是象徵傳統型系統的「政府間主義」及以「超國家主義」爲行動理念的統合型系統的混合。由摩擦運動導致喪失均衡點，逐次地將力學的比重偏向傳統型系統的架構。其轉機，業已詳述過。接著擬就ＥＣ主要機構的架構及功能兩方面進行分析。倘不研析該兩方面，便無法充分了解ＥＣ決策體系的力學轉變。以下各節，一方面參考H. Wallace、R. Pryce、C. Sasse 等之研究，一方面儘可能地將各主要機構的構圖，簡潔易懂地描繪出來(1)。

1. 部長理事會（Council of Ministers）

部長理事會是由會員國各派代表（一名）組成。該代表必須備閣員身份。理事會主席分別由各國代表依字母的順序以任期六個月的時間輪値更任。衆所皆知的，一九七三年一月一日擴大會員國的成員，包括比利時、丹麥、西德、法國、愛爾蘭、義大利、盧森堡、荷蘭，最後是美國，共有九國。所以，理事會的成員加上了三個新會員國（英國、丹麥、愛爾蘭）成爲九名代表。但是這個數字實際還會再增加。復因爲議案性質不同，而影響了出席人數。亦即有關全面性的重要議案，是由各國外交部長出席，而特定的議案（農業、經濟、運輸等）則由各國相關的閣員出席。故，理事會則按討論之業務性質不同而召開。有時甚至出現一個國家有一名以上的部長代表出席會議之情形。各國代表人數不定，以致於造成議會進行時意見之紛歧。因此，在一九七三年七月二十三日至二十四日決議通過，一國的代表最多祇派出六位之決定。但該項決議最後卻窒礙難行(2)。

理事會的結構，重要的不是成員人數之問題。而是擁護重要的國家利益之論壇（Forum），以及肯定國家利益論調之對否，並做調整工夫的「論壇」問題。根據羅馬條約第一四五條規定，理事會對於執委會的政策議案具有決策權。爲了兼顧與執委會的協調及會員國的國家利益，理事會表決議案的方式除採取全體一致通過之方式外，尚有其他的調整方式。實際上運作的調整方式擬論述如下。

該調整方式是以裁量理事會的決策方式來決定。亦即採用多數決的方式決議（羅馬條約第一四八條一項）。但有關重大議案並非僅止於單純的多數決議，而是另採用特定數決的原則如「加權投票」(weighted voting)。「加權投票」方式是在擴大EC規模之後採用的，各國所分配之票數則分別如下：西德、法國、英國、義大利各十票；比利時、荷蘭各五票；丹麥、愛爾蘭各三票；盧森堡二票，各會員國分配了四成的比重(3)。當執委會提出議案委由理事會來決策時，前揭全數之五十八票中倘有四十一票贊成，即算通過。（但是，若該項議案非由執委會提出，則上述之四一票至少須分別來自六個會員國）。上述之加權方式，其他小國才不至於被四大國（英、德、法、義）以多數票予以控制。同時，即使其他五小國聯合票數，也不會推翻四大國的決議。因此，反對票之「否決議」的談判決策方式，在此得以緩衝。但是，對於重大議案會員國可行使「否決權」乙節，通過了協議。無論「加權投票」的多數決方式，有無明文規定舉會一致係以「否決權」爲前提，該制是否被制度化，業已嚴重影響多數決的功能。事實上，理事會以投票來通過決議的方式並非常態，取而代之的，是「舉會一致」的決議方式(4)。

如此一來，國家利益的調整方式，在架構上已呈脆弱，對於各國敏感度及重要性愈高的政策，在理事會的商議中，往往招致糾紛，決議到最後則無法達成共識。明顯的例子可從「貨幣同盟」構想看出。該構想提出於一九六九年十二月的海牙首腦會議，一九七〇年十月作爲「Werher 報告」，並具體化地將一九八〇年訂爲同盟的完成年(5)。該構想嚴重關係各國的利益問題，更於一九七二年四月導入「共同變動匯率制」，卻導致該政策截至目前（一九七九年）仍是個懸案。由該事件，更可反映出理事會的決策架構是如此的脆弱。

從另一面來看，理事會的功能，至少具有下列不可輕易抹滅的特色，①理事會的會議係採「非公開」性的原則；②會員國針對決策力學所採取的因應措施紛亂不堪。前者的「非公開性」原則，對於促進與歐洲會議之間的協調關係，有很大的負面效果。同時，爲了強化歐洲會議的預算權，會議的成員也必須出席理事會(6)。再則，關於後者，因爲各國迥然不同的決策力學已恣意在國內推展生根，如今要以共同體標準來做調整，是件非常困難的工程。理事會的協調運作之所以遭致阻礙，其原因有以致之(7)。

2. 執行委員會（Commission）

執委會自ＥＣ擴增以來，係由十三名委員（Commissioners）所組成，並由各會員國政府派員出任，任期四年。英、法、德、義四個共同體大國各有代表兩名；其他五國各有代表一名。目前（一九七九年）設有主席一人，爲英國的吉思金斯副主席四人，分別爲奧爾特利（法）、哈弗爾坎布（西德）、混特拉克（丹麥）、及那庫利（義）等⑻。

以上所述之執委會結構，均由EC會員國所組成。但該各國機構皆具有相異的特點，如執委會便是具有超乎國家利益之上的超國家型非政府機構的特性。關於此點，理事會有其顯著的對比特性。執委會代表必須具備以下的條件來執行任務。即，「代表們不得以各自所代表的國家、或是某些機構之利益爲前提，來解決共同體的問題。執行任務須充分保證其獨立自主，係以整個共同體的利益爲著眼點。」（羅馬條約第一五七條二項）。如此之「超國家主義」理念，首次出現在歐洲歷史上的「最高機構」（High Anthority）的是ECSC（歐洲煤鋼共同體。一九五二年成立）。

執委會以其政治性功能的「超國家型」的使命原則（統合的原則）爲最高任務指標，其所包含之功能甚廣，舉其犖犖大者有下列三項：①以推行統合爲前提之建議②會員國之間的意見調解③監督條約的履行等。其中以第①點的建議最爲重要。執委會爲了有效實踐其功能，特設有專門對應的組織。分別就農業、經濟、金融、地域政策、對外關係等領域，設置「總局」（Directions Generales），每個局各由十三名執委會代表分派出任，負責督導任務。局長通常被稱作「Chef de Cabinet」。各局擁有各自的事務局（Cabinet），負責各政策的提議。在提議的第一個階段，與EC的利益代表、會員國官員及利益團體商議；第二個階段，包括法官在內，局的成員之間進行討論。如此的提議過程，不僅達到上至下直接監督、命令的傳遞系統，同時，在事先與會員國之National及Subnational主體商議，所達成之溝通管道，在在都顯示出其、橫交錯之功能(9)。

①之建議及②之調解功能，彼此互有連動關係。但調解EC會員國的意見，實有難以施行之障礙存在，這可由六〇年代的「馬拉松政治危機」、七〇年代的「通貨同盟」構想及歐洲會議的「直接選舉」構想等之實施可以看出。之所以會產生障礙之主要理由，如前所述，理事會所占之優勢及統合的鈍化現象有以致之。在此，還得加上另一個重要的原因，那便是執委員本身的內部問題。其中以上至下直綫的責任分擔系統最遭議論。該系統高度密不可破的時性，削弱了「局」與「局」之間的政策協調能力。結果導致執委會全體政策的整合困難，同時也減弱了理事會的提議功能。就專門化與領導功能降低而言，其關連性在D. Coombes的研究中業被證實。Coombes的說法是，自從合併爲三個共同體之後，執委會在其內部，便有明顯的分裂傾向。在Technocrat傾向且官僚體系肥大化的過程中，存有很大的原因。較之政治性的統合動機，則對於專業性、技術性的行政作業，尤必須付出更多的心力(10)。事實上，執委會目前（截至一九七九年）擁有十九個「局」，超過七千九百名的工作人員，是一個巨大的官僚體系(11)。緣此，在調和會員國間的利害關係之前，有關執委會內部的政策整合乃屬當務之急。

就③之監督功能來說，執委會爲歐洲共同體的行政機構，負責監督會員國遵守「競爭政策」。此種監督功能尤以農業政策方面爲重(12)。亦即具有針對共同農業政策的監督功能。處理農業方面的問題，執委會設有二個委員會以爲輔佐。一個是「管理委員會」（Management Committee），另一個是諮詢委員會（Consultative Committee）專司其事。前者由會員國官員及執委會的高級職員所組成，負責主要農產品的市場管理；後者由廣泛的農業政策之專家團體所組成。有一點要注意的是，委員會的監督功能是National及Subnational 主體之間的連繫作用，與理事會的封閉構造大異其趣，執委會發展的是開放型的行動模式。

3.常駐代表委員會（Coreper）

最初，羅馬條約（ＥＥＣ條約第一五一條及EURATOM 條約第一二一條）對於籌組各國代表委員會乙節，曾承認其甚具可行性。然當一九五八年元月二十五日歐洲經濟共同體與原子能共同體首度召開部長會議之時，即決定正式「設立負責準備理事會召開事宜，及處理理事會交辦事宜之委員會」。另將該政策具體化的是一九六五年四月的「合併條約」第四條之規定。常駐代表委員會於是基於共同體決策體係的慣例而設立的。

常駐代表委員會是由各會員國的大使級官員所組成。以下設有小組委員會、行政作業小組、臨時委員會等，規模超過四十人。常駐代表委員會與理事會同樣都是政府間機構，但與執委會相同地，基本上在組織性格方面大不相同。組織功能就如一九五八年部長級會議所決定的內容一樣，是集合了理事會的準備、決策事宜及處理理事會交付事項等項功能。爲完成任務，設立了許多行政作業小組，如設立了共同體與第三國之間的關係對應小組，解決特別通商政策、ＧＡＴＴ等問題、及與其他機構應對之行政作業小組。同時，也設立了以中東、非洲等地的連合協定問題為業務對象之小組委員會(13)。總之，並非端看行政作業小組及小組委員會的多寡來決定其功能。最重要的功能，乃是直接參與執委會與理事會之間決策過程的規劃。這也是導致決策力學的有利方向偏重於理事會的關鍵點之一。簡言之，常駐代表委員會具有「幕後功臣」的角色功能。

執委會在向理事會提出議案之前，非正式地先向常駐代表委員會提出，並接受審議。之後，委員會再將各國意見傳達給執委會，然後對執委會的提議內容施加影響力。然後將提案送交理事會之後，理事會可向常駐代表委員會要求更進一步的討論。在此，擬再一次強調，常駐代表委員會在共同體的決策過程中所扮演的角色實不容忽視。常駐代表委員會為理事會轄下的組織，對於會員國的利益行使，有相當程度的影響力，常駐代表委員會具此雙重意義，並實際參與決策過程。復於一九六二年「A級程序」制度化後，常駐代表委員會之各國代表可於達成共識的議案，並經表決通過後向理事會提出，在理事會中無需再宣讀付議，而可逕行宣布議決有效。在議案的決議過程中，委員會的決策功能，在六〇代中期與日俱增。這也是形成執委會與理事會之間，權力重新分配的重要原因。關於此點，執委會的委員史比奈利（一九七三—一九七六年）持有如下之看法：對於會員國來說，常駐代表委員會無疑是一種立法組織(14)，直截了當地說明該功能的重要性。

4. 歐洲議會（European Parliamert）

歐洲議會係由各會員國國會議員中選派代表組成。在擴大EC之前，該議會席次分配如下：法國、德國、義大利各三十六席；比利時、荷蘭各十四席；盧森堡六席，總計一四二席次。擴大ＥＣ規模之後，加上英國三十六席；丹麥、愛爾蘭各十席，共增加至一九八席次。在一九七六年七月的共同體首腦會議決定實施歐洲議會議員直接普選辦法後，預計席次可增加至四一〇席[15]。

歐洲議會就如同ＥＣ的委託研究報告書（一九七四年）所指出，該議會在整個共同體的組織系統上所佔的地位並不強固有力[16]。歐洲議會與各員國的議會，在結構上是大不相同的。因爲該議會在共同體的決策體系中，既沒有立法權也無行使否決權的能力。該不具有立法機構的性質，實爲歐洲議會最大的特色[17]。歐洲議會有那些具體的特點？首先擬從針對執委員行使監督職權論述起。執委會須向歐洲議會提出年度業務報告，而歐洲議會則可無限制地向執委會提出質詢。並且，該議會可向執委會提出不信任案（若投票數超過三分之二以上及全體議員半數以上，才算通過不信任案）。但是，對於執委會代表的任命，議會是無法介入。此項規定乃是根據會員國的協議通過（合併條約第十一條）的。緣此，在理事會對執委會的權限高漲之同時，執委會也喪失了對歐洲議會負責的立場。「Report Vedel」曾提倡以下之主張：至少應爭取到執委會主席任命的參與權[18]。

對於理事會，歐洲議會僅爲一諮詢機構，不具直接之監督權限。因此，理事會須向議會負起決策上之責任。也無任何條約的根據。即使如此，議會若是要對理事會施展影響力的話，礙於現狀，也只是微乎其微的力量。另曾於一九七〇年四月二十二日的「盧森堡條約」中通過的，議會擁有共同體的預算職權。但對於支出預算等最重要項目而言，議會也僅局限於建議的權限而已[19]。由此可知，歐洲議會在整個共同體當中，僅居於配角的地位。也因此種下七〇年代議會亟欲擺脫該現象，而汲汲營營地展開爭取立法權限的各項嘗試。其中一項是，歐洲議會議員的直接選舉構想。經由各會員國民意所直接普選出來的結果，使得各國間的政黨、利益團體均能以「超國家」的立場而彼此結合在一起，意義之重大，非同凡響。直接普選的構想，必能將歐洲統合的理念落實於政治統合的正途上，而該構想在與議會功能的關連性上，業引起廣泛的注意。

5.歐洲法院（Court of Justice）

歐洲法院於擴大EC規模之前，係由七名法官及二名總辯護（avocats general）所組成。一九七三年之後，成爲法官九名及總辯護四名的組合。法官由各會員國任派一名，總辯護則由英、法、德、義等會員國各指派一名，須經由會員國政府之相互同意任命。較需注意的是，法官一旦被任命之後，必須置國家利益於度外，完全獨立自主地執行法務[20]，與執委會具有同樣「超國家主義」的理念。肩超歐洲共同體統合之部分責任。

歐洲法院的功能並非在於參與共同體的決策，而是決策過後具備（Post－decisional）法規管理的功能。直截了當地說，該任務係爲確保歐洲共同體機構及會員國遵守歐洲共同體條約之有效解釋及適用（羅馬條約第一四六條）。亦即係管理歐洲共同體遵守各項法規的最高司法機構。其中備受矚目的特性，諸如對於違反條約或法規時，提起訴訟的主體並不限於會員國政府。所謂的，舉凡超國家（Transnational）主體、國家（National）主體、次國家（Subnational）主體及個人等，範圍廣泛。歐洲法院不論是因決策而受影響的企業，或會員國市民的訴訟，抑或執委會或者是會員國政府的訴訟，均可判決。對於違反法規的會員國，倘由執委會提出訴訟或由其他會員國提起訴訟，均予以承認。但是法院的功能並不限定在政府與政府間法律的爭執，此點備受注意。究其原因，乃反映傳統型「民族國家體系」結構的國際司法院之功能，與其性質迥異所致。

第二個特色，是反映洲法院判決的實踐上。「共同體法律」(Community Law) 對會員國的國內法具有優先性，由一九六四年「Costa V. Ente Nationale per I'Energia Eletrica」的判決，及一九七一年「EC Commission Vs. EC council」的判決中可明顯看出。前者係義大利市民對義大利國營電機公司提起的訴訟案，為主張「共同體法律」優先的實例；後者係因「歐洲道路運輸協定」的訴訟案因而承認共同體的對外協定締結權之合法行使，此事件也證明了「共同體法律」的優先性(2)。就「共同體法律」之法律效力而言，乃為歐洲共同體促進政治統合的首要因素。惟該法律體系實際上究竟為各會員國尊重至何種程度？至今還是未知數。總之，該組織體系之重心可謂係在歐洲共同體決策體係之「政府間形態」與「超國家形態」兩者之間所展開的拉鋸戰上游走。

(1) Helen Wal ace, National Governments and the European Communities, European Series No. 21, Chatham House, London, 1973. ; Roy Pryce, The Politics of the European Community, Butterworths, London, 1973. ; Christoph Sasse, Edward Poullet, David Coombes, Gerard Deprez, Decision Making in the European Community, Prager Publishers, Inc., New York and London, 1977.

(2) Sasse et al., Decision Making in the European Community, ibid., p.109.

(3) 在擴大共同體規模之前，對於理事會的「加權投票」方式，六國的分配票數如下：西德、法國、義大利各四票；比利時、荷蘭各二票；盧森堡一票。對執委會的提議案作決議時，必須要有總數十七票當中十一票的通過才可。

(4) Helen Wallace, National Governments and the European Communities, op.cit., p.101.

(5) 「Werner Report」的正式名稱如下：Interium Report on the Establishment by Stages of Economic and Monetary Union。一九六九年二月一日至二日的海牙首腦會議提出該構想，依據一九七〇年三月六日理事會的決議，將經濟貨幣同盟構想具體化，並設置作業組織。其主席爲盧森堡首相 Pierre Werner。該作業組織受命籌劃經濟貨幣同盟的階段性發展計畫。爾後各國的經濟政策則由共同體的標準來決定，進而採取單一貨幣政策。以上二個方針，均被明確地提出。Werner Report, Supplement to Bulletin of the European Communities, 7-1970.

(6) 關於該論點，可參考如下資料：Sasse et al., Decision Making in the European Community, op. cit., esp. pp.107-108.

(7) 歐洲共同體會員國的決策力學千變萬化。可從以下各國的特點看出：強制集權化的法國；將分權予以制度化、慣性化的西德；國內的決策力學極度非對稱性的義大利等。該現象可說是歐洲共同體的標準，特別是在理事會的標榜下，係對各國協調行動造成阻礙的主要原因。深入研究之參考資料如下：Dusan Sidjanski, National Decision-Making Processes and Regional Integration, UNCTAD/TE/87, 9 September 1975, mimeo., esp. pp.5-

13.

(8) European Community－Newsletter（一九七七年一月）。執委會的所在地與理事會的辦事處同在比利時的布魯塞爾。

(9) Roy Pryce, The Politics of the European Community, op. cit., esp. pp.1－7。中原喜一郎「國際系統的開發」（『講座情報社會科學』第一五卷「新價值觀的展開」第Ⅲ分冊「國際社會的多元化」所收錄，學研一九七八年。參照一〇三一〇六頁。

(10) David Coombes, Politics and Bureaucracy in the European Community, Allen & Unwine, London, 1970. 同樣的論點參考資料如下：Karlheinz Newnreither, Transformation of a Political Role：Reconsidering the Case of the Commission of the European Communities, Journal of Common Market Studies, Vol. X, No. 3, March 1972, pp. 233－248.

(11) Sasse et al., op. cit., p.144.

(12) Wallace, op. cit., pp.99－100. 執委會負有共同政策的實施及監督功能的一環，並以各種基金來推動行政事項。如下各種基金：『農業指導保證基金』（FAGGF）；歐洲原子能共同體的『研究訓練計畫』、『歐洲社會基金』及共同體聯合協定國的『歐洲開發基金』等。

(13) Werner J. Feld, The European Community in World Affairs：Economic Power and Political Influence, op. cit., pp.40－41.

(14) Ibid., p.42.

(15) Wallace, op. cit., p.102 ; Pryce, op. cit., pp.75－78.

(16) Report of a Federal Trust Study Group, The Institutional Structure of the European Communities,op. cit., p.388.

(17) Ibid., p.391.

(18) Report of the Working Party examinting the Problem of the Enlargement of the Powers of the European Parliament, op. cit., p.58.

(19) Report of a Federal Trust Study Group, ibid., p.391. 就歐洲議會的權限及組織，及有關議會的直接選舉問題作詳細分析研究的書籍如下：金丸輝男『歐洲議會』成文堂，一九八三年。戶崎徹『歐洲共同體（EC）的形成及展開』(上列書籍二十六—二十七頁)。

(20) Wallace, op. cit., p.102.

(21) Pryce, op. cit., p.99. ; Feld, op. cit., pp.13－14.

第五章　國際統合和歐洲共同體的行動模式

——和平的力學

一、序論

㈠如果被問及，國際政治上最重要的行動主題是什麼？最好的回答是創造和平。雖然如是說，可是在現實中並非只是爲了證明和平的稀少性。此一嚴肅的事實，即使是八〇年代的今天也是一樣沒變。的確，八〇年代的國際政治，緩和了七〇年代的緊張局勢，也增強了第二次冷戰的情況，另一方面，卻結合美、蘇兩個極端不同的國家，退卻了六〇年代以前的冷戰結構，在多極以及相互依存的體系中，而開始有了系統上的變化預兆。雖然如此，但並未達到世界性的和平。索性進入八〇年代後，美、蘇兩國裁減核子軍備交涉之棘手問題，抑或是歐洲擴展核子戰爭的危機感以及配備中程核子武器（INF）等，國際政治依然是戰爭與和平交替，仍被舊體制力學所支配之⑴。

在國際政治上創造和平的難題之原因爲何？倘由所發現的理由來說，不得不說是國際政治學的主要課題(2)。若是沒有歷史資料和科學予以證實，並將其理由一般化，那當然是不可能的。可是，倘由阻礙和平結構上否定面來探討，相反地，創造和平的構想和政策亦不無可能。緣此，以下所下的結構上的假設，也就變成是先決的課題。亦即將國家之間的利害衝突，依非暴力的手段予以控制，並將其調整、解決。以期在合理的力學系統中，以和平的對極現象的「戰爭狀況」，產生了高準確率的假設。

支持該假設的有效性，恐係傳統國際政治體系的結構原理，亦即是「無政府政治(3)」的投影。在這種情況下，國家之間的利害衝突，係將戰爭手段（軍事力）予以合理化，俾依據現實關係來處理。如在第一章曾經提及的結構，我們稱之爲國際政治的「隨意」(random)。

挑戰該「隨意」結構的思想或力學，並非不能在原來的國際政治中看出來。該一萌芽現像，如前所指出的一樣，可以看到在戰後歐洲國際統合思想的誕生與發展。且該力學，具體上已經展現出歐洲共同體的行動軌跡。歐洲共同體以所謂「背叛戰爭的和平」，擺脫了單純的思考立場，更進一步否定「隨意」的結構，試圖重新導入統合的行動原理(4)。該力學並非只是「思想的指針」，而是擁有「行動的指針」之特性，俾以該實驗性爲基準，爲「和平的力學」命名。

(二)在本章擬依驗證歐洲共同體的行動軌跡，將國際統合和「和平的力學」的相關性試予理論化，以利於證實。但這並非將該兩者的關係，作正反的相關假設。「和平的力學」經常被使用在國際統合的每一個行動領域中，而且是以何種的水平，才能將該作用的領域明白予以界限。更進一步地在此章中，將其中之研究的關注隱藏起來。按七〇年代初期的「和平研究者」，特別是Johan Galtung 曾以銳利的視野提出歐洲共同市場和平力學的「虛構性」理論(5)所引起的研究關注。該研究關注在很多的論點中，漸漸地產生共鳴，也的確對該「虛構性」理論究竟能達到何種程度及能衝破多少共同市場的現況仍存有疑問，對此實有再加以檢討之必要(6)。爲此，倘由歐洲共同市場，六〇年代「內在的」增殖作用到七〇年代「外在的」擴散作用來看，將可理解統合係分從局內及局外兩方面來考量。

在本章中首先擬以國際統合的行動規則爲重點並探討其所擁有的和平特性；其次擬檢討以統合爲模型的歐洲共同市場的行動現況及和平的相關性，而在第三項中，依照統合系統和非統合系統的接觸，及在競爭中所產生的和平問題中，觀察該議論的發展。該項論點，事實上在原來的歐洲共同體的研究中，也是常被忽視的問題領域。統合者將在局內系統的行動規則，適應至局外系統，使其在對稱的世界秩序中，產生作用，抑或在局外系統中展開其不連續的非對稱行動規則。該項論點說明了歐洲共同市場由「被束縛的巨人」走向「被解放的巨人」，此一顯著的變化在現況裡應是最重要的課題。針對該問題最後希望歐洲共同體，能從和平的觀點來考量其與第三世界(7)。的關係。

(1) 七〇年代以後有關國際體系質變狀況或結構變化之研究業績Robert O. keohane and joseph S. Nyee, Power and Interdependence : World Politics in Transition, Little Brown and Company, Boston and Tronto, 1977 ; Stanley Hoffmann, Primacy or World Order : American Foreignn Policy Since the Cold War, McGraw－Hill, Inc., New York, 1978. 另可視爲核子裁軍瓶頸之關體系力學之研究業績則有Bruce M. Russett, The Prisners of Insecurity : Nuclear Deterrence, The Arms Race, and Arms Control, W. H. Freeman and Company, New York, 1982

(2) 對本課題予以價值投影並發表出新的研究體制的是以羅伯特等所代表之「和平研究（peace Research）爲潮流。其特色是以脫卻古典次元，提倡非暴力運動及至展開積極的和平（Johan Galtung,『A Structural Theory of Imperialism,』Journal of Peace Reace Research, Vol. 8, 1971）或創造和平知識，並研究其制度缺陷問題及根源之理論（Anatol Rapoport,『Approaches to Peace Research,』1973）以及超大國軍部之自我運動及其有關阻礙和平之因素（Dieter Senghaas,『Armament Dynamics and Disarmament,』Hiroshima Conference of the Peace Studies Association of Japan, September3－4, 1975）等爲代表。

(3) Donald J. Puchala, International Politics Today, Dodd, Mead & Company, New York, 1972, pp.6－7.

(4) 此論點爲布查等人最早及最有體系的導入統合理論。請參照第三章第二節第一項。

(5) 卡爾通將ＥＣ統合視爲超大國之創造過程，ＥＣ被視作結構性的帝國主義（structual imperialism）來參與世界政治。所謂（pax bruxellana）與美蘇之和平一樣被批評充其量僅止於虛構而已。Galtung, The European Community：A Superpower in the Making, London, George Allen & Unwin, 1973.

(6) 請詳拙稿「卡爾通著—歐洲共同體—超大國的創造」（書評『國際政治』54號所收）。

(7) 第三世界在六〇年代是以南方的開發中國家（集團）有別於北方的先進國家（集團）所用的抽象概念。至今日第三世界與第四世界（資源小國、開發中國家）實有必要予以正確區分。第三世界係指現在正值半工業化的階段，平均國民所得在四百至八百美元間諸國（主要係拉丁美洲、亞洲各國）。但是在此，倘由ＥＣ的對外實情看來，姑且仍使用作爲六〇年代象徵概念之第三世界用語。提到以上論點的專書有Roger D. Hansen,

「The Political Economy of North－South Relations：How much change ?」International Organization, Vol. 29, No.4, Autumn 1975, exp.p.922.

二、國際統合的和平指向

1.統合的行動規則

㈠統合在國際政治上所給予的正面影響實在很大。之所以這樣說，即因統合的和平性在本質上被認爲是內在的存在關係，而且該和平性，能將統合中特異的行動規則反映出來。那麼，統合的行動規則究竟能產生怎樣的作用？

首先，可將統合稱之爲國際政治的融合規則。即是權力利益，及政治系統和Vektor（德）交互作用產生的融合反應所產生的規則爲其機能。該規則在原理上不得不說是與國際政治的分裂機能有著對極的關係。事實上，統合在同盟政治的範疇來看，基本上和權力的離合集散系統互不相容。或許有人會提出反論，認爲同盟政治或許也是一種融合現象。但這並不是表面的類似性，必須將該兩者作一明確的區別，其原因爲何？該項理由事實上在統合的第二個行動規則中含有深層的關係。

第二個行動規則如前面各章所述，係擁有「超國家主義」的規則與特色。亦即，統合係將國家的心情屬性、行動性廢除，並能將新創造的國際共同體之過程，呈現在大家的眼前(1)。至其決定獨立變數的行動軌跡爲何？現在仍是統合研究者爭論不休的話題。雖然如此，關於右邊的統合行動規則，業經過一致的協商確立，是沒有問題的(2)。

該項「超國家主義」規則擬將重要的衍生效果帶到統合的理由是：行動規則是傳統的國際政治結構，亦即將挑戰力學包括在「民族國家體系中」，但該行動規則，所面對的傳統國際政治之挑戰，並不是依照國家主體間的相互作用來展開的；尤特別令人感興趣的是介入了新的行動原理和主體。該項挑戰例如，在歐洲共同體委員會中，同時試驗象徵超國家主體(3)。而且該行動規則，一旦在現實中一經實施其機能的話，則有關國家行動的利益、價值、態度間的「階層構造」，均將顯示崩潰現象。更進一步地，該項因果性，尤和歐洲共同體有所關連的，Paul Taylor 更有了試驗性的論證(4)。這種統合規則的結果，以擁有和平性格在國際政治中登場。

圖1　傳統型與統合型

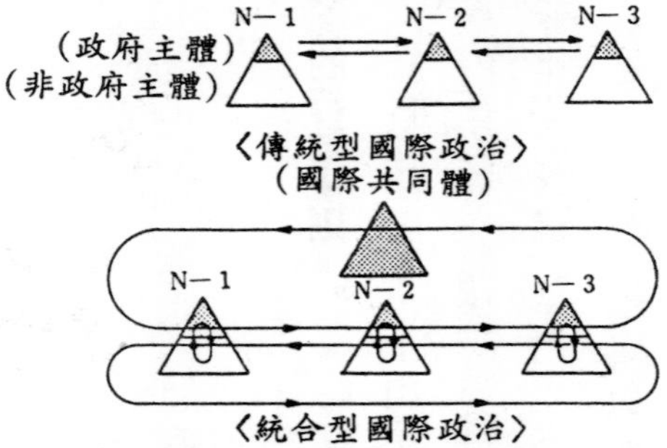

注：乃援用 Karl Kaiser 之 Regional Subsystems 模式者，並暗示因相互作用引起之多元化統合之「超國家主義」力學以及作用其衍生效果之「非國家作用」。(N－1，N－2，N－3 乃意指國家制度，又→←係意指作用之方向)。

圖2　統合政治領域之特色

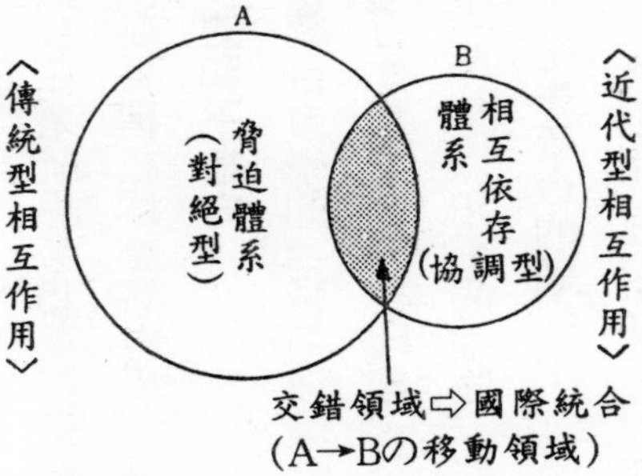

注：乃援用 Donald J. Puchala 之 Concordance System 者，統合之和平指向係暗示在「脅迫制」與「相互依存制」交叉轉移之領域發生功能。

首先，對於將軍事當做最後橋頭堡之舊體制的行爲規則，則有如下的假設成立。亦即首先將「脅迫體系」和「國家行爲」分爲接觸媒體，相對於傳統的國際政治，期使其能介入國際及非國際的一種新的交錯現象。第二則以該項結果，檢視以對決和互不信任爲根基的舊體制力學；相反地期使其能加強協調及相互依存規則，俾邁向新體制的力學。考其原委，如右邊的交錯過程，恐難將國家權力思考的行爲原理做一貫之追求。第三、在發展新體制力學時，將對國際政治挑戰期促其產生結構性的變化，以便「統合政治」能登場。這就是在統合中有關國際體系的變化(5)。該等統合的挑戰力學，足見負有單純化的風險，其原義是否如前圖1及圖2所示？

(二)統合規則的「表面」，如在第三章即已詳述，是以「超國家主義」爲行動的思想軸，並以挑戰傳統國際政治力學的說法爲佳。一方面在「內在」的側面，對於國家之間不規則的利害衝突，希能解釋爲係控制的力學。換言之，即是統合中另一個理論的側面。該「內在」的領域，事實上在考察統合的行動規則時，極具重要的意義。

其理由為何？乃出自國家之間不規則的利害衝突。倘由國際政治的緊張或戰事情況，抑或沒有界限的掠奪等最根本的原因來看，國際政治以該不規則的利害衝突為前提，且為了特定國家的利益，俾展開有利的戰略，另在「權力均衡」或「同盟及反同盟」的廣義定義(6)中，即使能成功地展開政治，亦不意謂能形成所謂國際政治的「公共財」。其理由是：該項力學提升了國際政治的紛爭，但無法完全符合理想，促使紊亂的結構做一行動性的變革。在強權政治的行動中，倘將國際體系的安全化變數抽出，循國際和平秩序模型予以架構，則如同實驗初期的「系統理論」的困境一樣，事實上亦無法將該紊亂的紛爭結構，確實地找出內在的病源(7)。

統合在系統思考和鄰接領域中，事實上包含了其境界線的行動規則。倘可克服國際政治上的紊亂結構，亦可稱之為克服力學。且該力學不隨附以軍事力為行動基準的「脅迫理論」為其特色。

2. 統合的和平指向

(一)統合力學的「脅迫理論」中倘不導入否定的紊亂結構，則統合的和平志向在理論上將變成內附的重要行動要素。該要因素，至少需從三個方面來考慮。

第一、是以和平的手段，控制紛爭的力學。在政治的統一現象中，動輒夾雜大國主要的「脅迫理論」，可是在統合的過程中，並不採用該項行動軌跡。而勞動力學在國際共同體的創造過程裡，「脅迫」所介入強制力的可能性，無非是為了迴避力學。關於此點，即使在統合理論的領域或者歐洲共同體統合的實踐領域中，需要獲得相當程度的證實。諸如前者，以Ernst B. Haas為中心的新功能主義理論以及後者則如後述的一般，在六〇年代中期歐洲共同體的政治危機中，均一一顯現出來(8)。

第二，是有關統合的「不戰共同體」思想。該思想特別是以Karl W. Deutsch的「安全保障共同體」思想爲理論建構(9)。在統合的現實中，則同時具有實證性的作用。該項特色，係依統合的行動系統期將戰爭的危險要因一起排除所做出的規則。

第三個原因似可以「協調的相互作用」稱之。如在軍備競賽或同盟及反同盟的政治中所見的，和所謂的「對決的相互作用」形成對極的關係。另由零和遊戲理論來看，其實並不採取單純的全面對立行動。在統合中，係不以利害的相互反應、對決及排斥爲行爲基準；相對地，是以「賄賂」（payoff）的協調融合作爲行爲基準(10)。例如自與軍備競賽並行摸索的七〇年代以來，美蘇的限武談判交涉（SALT）、裁減武器交涉（START）窒礙（停滯的力學），倘從關稅同盟朝向通貨同盟的發展傾向，和歐洲共同體統合的情況（＝發展的力學），互爲對照來看應可證實一番(11)。總而言之，前述之軍備競賽案例，經常是一方的利益，然後根據對方的利益而相互廝殺，其中包含了零和遊戲型的力學。因此，致使了原本裁減軍備的功能停頓，故後者的統合案例相對地，係以分配的相互利益以及利益的變數所形成的創造協調關係爲內容。故統合政治並不中斷，並經常同意其間的談判協調。前者可稱之爲「對決」的理論；後者則是「調整」的理論。

(二)由以上三種要因爲開端，期使統合的和平指向，能夠以理論化來說明。即所謂的傳統國際主義或者是強權政治，可以嶄新的行動規則來表示。該等統合模式，根據①以「脅迫理論」限制可能發生戰爭的危險；②促使參加統合的同志之間繼續談判，期使進一步形成利益分配的系統；③透過統合的實現，並依據相互共通的戰略，形成控制紛爭學。倘正確實行上述分析的方法，則有關的統合理論，或可理解其中內涵一二。但統合的和平力學在統合過程中所可能造成的紛爭是絕對不容否定的。統合的和平意義所造成的國家之間的紛爭原因以及系統的「非對稱性」，亦即輪迴的權力和利益，是以克服利己的紊亂現象爲訴求。另有關成本與利益的平衡以及合理的控制紛爭等，亦是以統合爲訴求。

以上有關統合的和平指向，是限定於統合系統內部的理論。其他如統合和局外系統競爭時所產生的和平問題，無庸置言，亦有必要改變其觀點並加以考察。討論至此，姑且已將統合第一階段的「和平力學」討論完畢。

其次，擬就內在的局內系統究竟如何在和平的力學及現實中產生作用各節，試以歐洲共同體爲範例，作一具體的驗證。

(1) 有關此論點可參照Ernst B. Haas, The Uniting of Europe : Political, Social, and Economic Forces 1950 – 1957, Stanford University Press, Standfrod, Calif., 1958, p.16.

(2) 另有關此點請參照第三章第二節第一項。

(3) 作爲跨國家行爲主體之ＥＣ委員會將「超國家主義」和「政府間義義」（intergovernmentalism）混合成獨自之行動原理，目前在ＥＣ統合方面負有重要之角色。七四年之ＥＣ委託研究報告曾作詳實之論述。請參照第三章第二節第三項。

(4) Paul Taylor, The Politics of the European Communities：The Confederal Phase, World Politics, Vol. XXVII, No. 3, April 1975, pp.343－346.

(5) Puchala, Of Blind Men, Elephants and International Integration, Journal of Common Market Studies, op. cit., pp.277－282.

(6) 將國家利益之思考視作強迫性的觀念，且將國家中樞型的「現實主義」作爲權力政治眞髓之現象，至今在多元化的國際關係中仍具有其效力。近年在衆多的國際政治研究業績中業獲得證明。例如James N. Rosenau, 『Introduction：Political Science in a Shrinking World,』Linkage Politics：Essays on the Convergence of National and International Systems, James N. Rosenau（ed.）, The Free Press, New York, 1969, pp.1－17.；Joseph S. Nye, 『Transnational and Transgovernmental Relations,』New Dimensions of World Politics, L. Goodwin & Andrew Linklater（eds.）, Groom Helm Ltd., 1975, pp.36－53.

(7) 體系理論將體系之transformation和change予以理論建構有其卓越之業績。但過於偏向以「平衡」(equilibrium）及安定（stability）爲著眼點及其影響國際體系之分析。詳見Morton Kaplan, System and Process in International Politics, John Wiley and Sons, Inc., New York, 1957.

(8) 「和平的手段」係統合一個重要的「過程變數」，此不容置疑。包括新功能主義理論，都特別強調此點。詳見Puchala, 『The Pattern of Contemporary Regional Integration,』International Studies Quarterly, Vol. 12, No. 1, March 1968, esp. p.41.

(9) Karl W. Deutsch et al., Political Community and the North Atlantic Area：International Organization in the light of Historical Experience, Princeton University Press, Princeton, New Jersy, 1957.

(10) 此論點特別由「相互依存」（interdependence）之理論家予以發揮。詳見Edward L. Morse,『Crisis Diplomacy Interdependence, and Politics of International Economic Relations,』Theory and Policy in International Relations, Raymond Tanter and Richard H. Ullman（eds.）, Princeton University, New Jersy, 1972, p.123－150, esp. pp.138－143.

(11) 有關SALT交涉及START交涉不斷地觸礁之最主要原因在於裁軍與擴軍具有零和之本質。而且擴軍之「零和」力學與核子嚇阻之「非零和」力學恰好形成二律背反之現象。例如，實際擔任交涉之尼采曾指出SALT交涉之困難所在，在於美國對蘇「非零和」之核武戰略。詳見Paul H. Nitze,『The Strategic Balance Between Hope and Skepticism,』Foreign Policy, No. 17, Winter 1974－75, pp.136－156.

三、歐洲共同體和國際統合——局內系統的考察

1.以統合為模型的歐洲共同體

以上將專門的「和平力學」分從理論面驗證完畢，其次，擬分就「和平力學」及歐洲共同體從現

實的作用面來分析。

㈠為方便論證，首先，歐洲共同體實有必要從其活動及所經過的歷史背景開始分析。其理由不外是，所謂歐洲共同體的統合和和平，在在與歷史有密切的關連。歐洲共同體的前身即ＥＣＳＣ的成立，雖的確和戰後歐洲的復興有不容否定的關係，但如同前述，在經濟因素方面，有其強力的作用以及重要的導因，其目的是為實現「非戰共同體」，故該思想動機所產生的作用是無法逃避的(1)。

關於該思想動機，雖在第三章已經接觸過，在此擬再次強調該重要的論點一下。如衆所周知，法、德之間，在第一、二次大戰之一有力的戰爭理由，乃是有關橫跨國際規則之基礎軍事產業的回歸問題。因此，受將該基礎產業的煤鐵鋼交由戰後新共同體的加盟國共同管理，更進一步地，期以實施所謂的共同管理，而達成「非戰共同體」的思想基礎。該構想在歷史上，首先由法國的Jean Monnet所提出，進而達成歐洲煤、鋼聯營的ＥＣＳＣ。如此擬以ＥＣＳＣ對抗像美、蘇超大強國等之外部威脅。較之權力的追求，無寧是從西歐的政治安定嘗試摸索內部和平的產物。倘以統合第一階段的「和平力學」，印證上述的歷史背景，將能投射到歐洲共同體的軌道上。

㈡至有關歐洲統合與和平的關係方面，當戰爭結束後，西歐各國終將面對復興而選擇了政策，致該等相關性的因果關係，諒必能變得越加明確。有關正面的相關性方面，組合了政治目標和政治戰略，在四個矩陣中，歐洲共同體各國，經常是以經濟統合為基點，除了抉擇統合的選擇項目外，別無他途可行。該項案例，則如次頁的表1所示。

表1　戰後西歐各國之政策選擇：統合手法

		政治目標：超國家政體之創造	政治目標：國家體系之再興
政治戰略	政治優先	連邦主義政策（歐洲合衆國）	A 國家主義政策（國家連合）
政治戰略	經濟優先	新功能主義政策（經濟統合）	A 功能主義政策（自由貿易連合）

（註）A：有組織性的連結作用例如歐洲審議會（Council of Europe）
B：有組織性的連結作用例如歐洲經濟協力機構（Organization for European Economic Cooperation）（OECD 前身）

出處：Leon N. Lindberg & Stuart A. Scheingold, Europe′s Would－Be Polity: Patterns of Change in the European community, Prentice－Hall, Inc., New Jersy. 1970, p. 12.

隨著統合選擇項目的理論支柱，即新功能主義路線將演變成如下的行動力學特色。其一、是以統合政策領域的相關性爲前提的「功能性的相互依存」力學，其中係以戰略性的權力指向，作爲基礎，另依據該項可能的限武核心，冀以迴避「脅迫系統」的力學。前者在有關政策功能及外溢效果方面，由於欠缺實證能力，致引起相當程度的批判(2)。相對地，後者的力學在統合的發展軌跡中，乃是一種較爲穩定重要的和平行動規則。該項行動規則，對於歐洲共同體加盟諸國，係以「政治浸透系統」爲作用，結果乃形成特定國家爲鞏固自己的權力，致產生出排他性的情況。據此驗證大國主義的路線，爰以行動要因稱之較佳。例如，爲提升歐洲共同體的經濟權力，例如西德現在漸有上昇的傾向，約有百分之六十六的農業政策領域，係從西德本身的政策範圍外而來。該項農業政策係由歐洲共同體的農業系統透過共通的意思決定體所組成。關於此點，業有Karl Kaiser做過驗證(3)。諸如此等統合選擇項目，對於確保歐洲共同體以及促進局內和平的可能性方面實貢獻良多。且該新功能主義路線，不僅止於理論水準，更在歐洲共同體的統合政策中追求實踐的水準。事實上，該路線，除依照ＥＥＣ委員會首任委員長Walter Hallstein的理論外，另根據六〇年代ＥＥＣ委員會共同體的共通政策所繼承而來的(4)。

2. 歐洲共同體危機管理的特色

(一)有關歐洲共同體與和平之關連，截至目前的驗證程度概被認爲業已論證。但新功能主義路線在歐洲共同體的統合政治中，倘只依據所謂已被選擇、已被追求的歷史事實及歐洲共同體局內的和平行動規則，即使仍不斷地增加功能，亦未必十全十美。故有必要將該路線的有效性確實予以測試，俾就該具體資料作一實證。

另歐洲共同體在非統合的政治領域中，所謂的常態即是將「脅迫系統」作用痲痺，希能指出政治危機中所擺脫的實例。該項歷史案例，雖已在前面有了若干的接觸，可是在六〇代中期，襲擊歐洲共同體的是所謂的「馬拉松政治危機」(5)。

當馬拉松政治危機時，其實歐洲共同體的經濟統合已完成了第二個階段。而且是一個促使經濟統合朝向政治統合的行動轉換點，其中有關「共通農業政策」的成否而發生的政治危機，更是歐洲共同體史上的一個最大的危機。該危機使法國和其他五個加盟國，甚至發展成和歐洲共同體委員會的嚴重對立，時間是由一九六五年的六月一直持續到一九六六年的一月爲止。利害衝突的焦點在於針對「共通農業政策」的實施，有關財源的共同管理問題。亦即財源係從加盟諸國的共通關稅中徵收，但是否爲委員會所管理之問題。歐洲共同體委員會的財源管理，對於歐洲共同體的統合進展深具意義。主要理由乃是歐洲共同體委員會原本的財政規模便很薄弱，同時亦受到政治影響力的限制。因此擴大歐洲共同體委員會的財政權限政策，應該說是歐洲共同體政治統合的核心，且是因提高脫離國家型主體的行政權限所招致的結果。另財政轉換也產生了左右歐洲共同體將來發展的爭論點(6)。

對於上述歐洲共同體所提出的內容，招致了法國的正面反對，從六月三十日的內閣理事會以來，即打出了不參加共同體所謂的聯合抵制政策。另經過七個月之後，便引起了政治危機。

雖然如此，該項危機除了歐洲共同體的法國，另透過加盟諸國和委員會的連繫管道，略施以巧妙的危機管理，結果是達到了迴避統合解體的危險。諸如此一重大的歷史性時刻，透過多元化的合作系統，並施以行動規則，促使該項管理政治在歐洲共同體局內產生了若干作用及迴避了危機，是不容逃避的事實。所謂合作系統之內容究竟爲何？例如法國在歐洲共同體的聯合抵制中，倘依法國回歸歐洲共同體的可能性來看，將演變成和其他的五個加盟國及委員會一樣採取一致行動。例如，義大利的可倫多、荷蘭的倫斯、西德的休倫多等外相，爲了避免法國的脫離，而更加強了合作戰線，另常駐代表委員會COREPER，在危機期間也開了二十二次的會議，以便阻止歐洲共同體的功能麻痺。

第二、歐洲共同體委員會基於原來的脫國家行動規則，方可使「仲介的」功能毫不保留地發揮出來。亦即，歐洲共同體委員會對於各加盟國的國家利益調整，係以不刺激法國的「紊亂」行動作爲一貫之政策。至第三個特色，係從（sub－national group）所參加的危機迴避來看，蓋原來的國際關係僅止於政府中心型的談判，俾爲迴避危機所主導之任務。sub－national group乃是將危機紛爭的手段及其貢獻，說成是一劃時代的盛事。有關的案例則有如下之事實：法國的農業團體因法國的聯合抵制，造成了農業利益不利，在當時戴高樂政府的壓力下，強烈促成了法國的回歸歐洲共同體。當時，所謂的農業團體包括了FNSEA（農業經營者工會全國連合會）、APPCA（農業會議所會長常設會議）、以及CNMCA（全國農業互助信用合作社連合會）等，戴高樂政府倘沒有促使法國回歸歐洲共同體，該等農業團體對戴高樂政府隨時都有改變反對旗子的壓力存在。

㈡緣此歐洲共同體的政治危機包括有「政府」、「超國家」、「國內壓力」等三個不同的作用在互動著，並以力學的方向來迴避相互依存體系之功能甚至會增加有害的危機作用，期排除「脅迫系統」的行動規則，取而代之地促使體系的再生發展，俾使「新陳代謝」的機能，能深植於歐洲共同體中。該項「新陳代謝」機能對於利害衝突及棘手紛爭的飽和狀況，構成了新的系統要素。有關歐洲共同體的和平力學，期能在此過程中給予更進一步的實證。

比較右述的實例，倘從「和平力學」的觀點來看，若施予理論化時，系統的生成發展可以可能的「新陳代謝」機能爲內容，及以「紛爭控制」的力學作用來稱之。該力學依據「古體質」（脅迫和排斥的相互作用）和「新體質」（合作和調和的相互作用），倘施以不斷地發展轉換，從統合的意義來說，應該說成是一個生命體，並可形成一個行動系統。如在第二章所述一般，應以統合的理想型稱之，即使尙未達到「紛爭解除系統」的境界。至少，歐洲共同體紛爭控制系統的控制力學，對該局內系統是作出了和平貢獻(7)。卡爾道氏過於強調反映在統合外面的「超大國性理論」，似過於悲觀(8)。

(1) Roy Pryce, The Politics of the European Community, Butterworths & Co., Ltd., London, 1973, pp. 2－5.

(2) 新功能主義理論之疑點在於過度強調「波及效果」（apill over）之自我運動。其論點正如favor特利和舒比蓋所批評的，其結果和肯定非政治性（apolitical）的力學有關。

(3) Karl Kaiser,『Transnational Politics ：Toward a Theory of Multinational Politics,』International Organiz-ation, Vol. XXV, Autumn 1971, p. 199.

(4) 哈蘇坦理論和其政策路線請詳見Walter Hallstein, United Europe ：Challenge and Opportunity, Harvard University Press, Cambridge, Mass., 1962. 哈蘇坦理論至六〇年代末期是否仍一以貫之易遭致反駁。蓋相對於哈蘇坦本身之政治領袖地位至六〇年代中葉仍顯著外，之後其「超國家主義」路線亦影響其後任者，主要是由於EC委員會業已轉化成「官僚型」之機構。詳見Franz Rodens, Jean Rey ：Ein Pragmatische Politiker, August Lutzeger, Fredenstadt, 1968, S. 18. 及拙稿『Walter Hallstein ：A General Study of the Executive Manager in the EEC Commission,』an umpublished paper submitted to Proffessor John Sewell at Yale University, 1972.

(5) 詳細研究EC「馬拉松政治危機」的歷史經緯者請詳見John Newhouse, Collision in Brussels ：The Common Market Crisis of 30 June 1965, Faber & Faber, London, 1967, esp. Chap. V. Chap. Ⅳ

(6) 共同農業政策的問題一直是EC創設以來的懸案事項。一九六〇年之「曼斯霍特提案」雖在閣僚理事會提出來，爲調整各加盟國微妙的利害關係，仍將問題懸而未決。法國尤其對該問題及反應最爲劇烈，亦即有關擴大EC委員會之功能及加速政治統合的進度等議題。蓋政治統合飛躍的進展與法國一貫對EC的政策，即「各國家連合」的路線相違背故。當時的與論報導法國國內之情勢爲「絕大多數的法國民並不希望共同市場解體，但能夠接受超國家歐洲政治統合的究竟僅止於少數的國民而已。」詳見Le Monde, Jan. 14, 1966.

(7) 有關將「紛爭統御系統」和「紛爭消除系統」力學原理予以理論區分請詳見第二章第三節第一項㈡。

(8) 詳細請詳見拙稿「卡爾通」書評。

四、國際統合與國際和平——局外系統的考察

1. 統合的對外行動方式

㈠關於國際統合在局內系統中將擁有高可能性的「和平力學」，並備置在行動關係係數中。那是以「新陳代謝」機能爲主軸，演變成紛爭的「控制力學」作用。該等情形在歐洲共同體的危機管理案例中，即已明白指出。那麼，「和平力學」對於局外系統究竟是如何地發揮功能？統合終究是對局外系統以「政策行動的統一」爲其實行指向(1)。因此，統合、非統合及與世界的行動關係，並不構成國際政治中一項重要的分析課題。事實上，歐洲共同體統合近幾年來特別是在二個側面中，刻正加深了

和非統合世界之間的關係。其中，例如由關稅同盟朝向通貨同盟，致使統合的機能軸，做一垂直的擴大。另一個是，以舊殖民地各國的連合爲內容的雅溫得協定（Yaoundé Cinvention 一九六四年四月），以及加強與第三、第四世界連繫的「洛美協定」（Loné Convention 一九七五年二月、第二次洛美協定一九七九年），均將統合的組織軸做一水平的擴大⑵。現在則是歐洲共同體以地球規模的和平視角達到了不可能就此迴避的階段。因此國際統合，的確是對促進世界和平有所貢獻？抑或是阻礙了世界和平？

在進入歐洲共同體統合案例的驗證之前，期能以此爲前提，俾將統合的對外行動方式予以理論建構。另在統合中，參加活動的每一個主體在對外系統方面究竟是如何行動？被認爲是一項爭論點；世界和平的前進或後退的問題，亦構成假設前提之緣故。無庸置言統合與和平的問題，即使是以觀念的立場作爲推敲的著眼點，也未必就能產生研究成果。國際關係一向追求有關的分析展望及行動的現實立場。

㈡統合的對外行動方式，到底具有何種特色？關於該論點，在原來的統合理論中，還有一些不太充分之處⑶。因學界中僅有D.J.，butcher 的研究業績（一九七三年）而已⑷。請一面參照butcher 的理論模式來探討。

以融合的力學爲基準的主角（actor），倘以歷史的角度來看，在對外的系統方面可說成是以展開兩個不同的行動方式爲佳。第一是，政策行動的創造精神和反應是「被動的」，且是「紊亂的」行動方式。該行動方式，倘依統合行動者所選擇的立場，對於局外系統，則有關統一行動的實現，將變得十分的困難。另由各行動主角不同的行動分析得知，局外系統不可能變成所謂的存在威脅。而在統合系統內的危機可能性方面，則益有升高的趨勢。就具體案例言，可在十九世紀後半以普魯士爲核心，和德國的關稅同盟（Zollverein）、以及初期的瑞士聯合（Swiss Corfederation）中看到(5)。

第二個行動方式，倘和第一個作對照分析的話，則可將政策行動的創始及「能動的」反應，依「集中的」、「加速的」行動賦予特色。有關顯著的具體例子可由過去俾斯麥指揮下的德國，及二〇世紀轉換期的美國看出(6)。當選擇第二個行動方式時，統合，對局外系統爲了顯露出統一行動，對於非統合的世界將變得不能無視其存在。歐洲共同體統合在以上二個類型中，能否以接近第二個行動模式來看？其理由是歐洲共同體的對外行動，係以美蘇超大強國爲施行的「北方」世界，雖仍以「紊亂的行動表示之；另一方面，歐洲共同體和「南方」的國家所締結的連合協定，係以「能動的」、「統一的」行動爲緣故(7)。

更進一步地，如果依布查拉理論的話，則第二個行動方式在理論上可分成二個類型。其中之一是「適應型」的統合；另一個是「破壞型」的統合(8)，前者對於局外系統，首先係將其反應以「融合的」、以代替「鬥爭的」協調性表示之。進而尊重世界現況的秩序以及接納世界的階層性。對此，後者將其反應以「強制的」、「冒險的」「強烈的」鬥爭性表示之，而且無視世界現況秩序，對於世界中力學的階層性，給予強烈的否決。在該兩者的統合性中，雖可能存有各種偏差，歐洲共同體的案例，應適應何種類型？如果假定歐洲共同體可以採取接近前者類型的話，並由所謂維持世界現況秩序的行動性格傾向來看，則歐洲共同體對於局外系統，將不會演變成對和平的威脅吧！相反地，如果能接近後者的話，則對於歐洲共同體的局外系統，將增大了否定的想像也說不定。當然，國際秩序的安定化即是所謂實現國際和平，無法成立單純的行動方程式。可是，爲了解釋歐洲共同體的對外行動軌跡，實有必要就上述二個類型的可能性作更進一步的比較檢討。

2. 歐洲共同體的變質及和平的虛構性

㈠歐洲共同體倘從全球規模的行動方式來看時，業已包含了依秩序所組合的「適應型」統合，並發展到對秩序的挑戰以及「破壞型」的統合走向。容先下結論的話，則六〇年代以前的歐洲共同體，雖擁有濃厚的「適應型」統合性格，但自七〇年代以後，由於外部加強了擴散作用，則可以看出係朝向「破壞型」統合的可能性。可是，有關歐洲共同體外修正行動軌道的可能性方面，對於個別的局外系統，並不限於所謂的在和平中擁有故同程度的浸透力，因而產生有害的效果。歐洲共同體依和平的手段，把控制紛爭力學，當做超出的行動規則，故無論是「和平的創造」、或者是「和平的侵略」等問題，該規則在非統合的世界中以及在現實的情況下，其浸透程度？仍存有諸多否定的疑點。更明顯的是，歐洲共同體本身的權力（以權力來源作爲權力）增大的結果，致使歐洲共同體以前在對局外系統方面，把「自己主張型」的行動付諸事實。

歐洲共同體委員會的委員西德的Ralf Dahrendorf，向來反對歐洲共同體權力的肥大化政策，在辭去該職務後所說的，歐洲共同體史上所謂的插曲是一九七一年的偶發事件。渠批評六〇年代的歐洲共同體爲「政治的小人」，在獨特的歐洲官僚體系中，渠還是著名的社會學者。(9)該插曲，正如正面的表示，即歐洲共同的權力自六〇年代到七〇年代的擴大現象在今天是一個明顯的事實。據此作爲決定對外行動狀況變數之「掌權基地」，俾觀察歐洲共同體權力的擴大化現象。歐洲共同體在七〇年代的權力構圖概約如下，①歐洲共同體全體的GNP僅次於美國佔世界第二位（約六千二佰億元），②歐洲共同體的貿易約佔世界的百分之四十，佔第一位；另在多國籍企業母公司的分布方面，歐洲共同體在世界中的佔有率有百分之四十八，已經超過美國所擁有的佔有率(10)。該傾向及至八〇年代（八一年）特別是①大約佔世界的百分之十九、②則佔百分之三十一，並沒有很大的變化。

㈡更進一步地，歐洲共同體的統合功能垂直擴散，同時加深了組織水平擴散的結果，截至目前爲止，業與五十八個以上的國家締結了經濟協定及進行輪迴交涉，至其他關稅談判等多國間的交涉，或者是聯合國貿易開發會議（UNCTAD）等，也是以一個政治實體做爲行爲單位(11)。對於國際政治的秩序現況，就歐洲共同體統治階層的認識言，渠等在權力的增大中所追求的對稱影響力以及修正「順序地位不均衡」的前提下，該項趨勢今後將益加顯著。倘非若是，對於美國所主導的新大西洋憲章（一九七三年），歐洲共同體，在七〇年代的歐洲安保會議，中歐相互裁軍交涉（MBFR）、歐洲中程核子戰力（INF）裁減交涉下，一定不能顯示歐洲共同體中各國強烈的政治關心(12)。故歐洲共同體脫離「適應型」統合，改轉向「破壞型」統合的可能性亦不容否定。

然而，在該項「自我主張型」的統合脈胳中，即使很有可能造成轉向，但仍存有內部的制約因素。至確保對外統一行動方面，亦即所謂「共通的對外政策機構」所言的變數，則現今的歐洲共同體仍無法充分運作。除一方面以經濟政策領域爲範例外，另一方面則有待加強「國家獨占型」的決策方式，歐洲共同體在促進統合的「共同體獨占型」方面顯然不夠熱烈。這當中當能證實右邊的低變數值[13]。再者，倘從政治機構的側面言，歐洲共同體如前章所述，係採用委員會和閣僚理事會「兩頭型」的政策決定結構，故最近曾屢次引起行動上的矛盾。鑒於爲繼續保有該等政策結構，歐洲共同體則不斷地發揮共通的對外行動，自然而然易將困難度糾結在一起。不僅如此，歐洲共同體的行動方式，現在則不容許往回走，今後將更加加強和局外系統接觸，以便擴大競爭領域的方向。

倘歐洲共同體，越來越增加對局外系統的行動許諾，則以國際和平的觀點（＝積極的和平觀點）來看，恐更加深了進退兩難。蓋在容許接受歐洲共同體控制糾紛的力學下，所謂的非統合的世界事實上並沒有達到政治的發展；再者，歐洲共同體爲繼續在國際政治中生存，終不得不對自己承認「脅迫體系」的有效性。倘若如此，則局內系統的「和平力學」以及對外的「和平虛構性」其中所包含的，所謂沒有陰影存在的潛在枝芽實不容否定。

(1)　關於此點請詳見Bruce M. Russett,『Transactions, Community, and International Political Integration,』Journal of Common Market Studies, Vol. Ⅸ, No. 3, March 1971, esp. p.243.

(2)　有關ＥＣ統合以「機能軸」和「組織軸」二軸擴大力學原理之分析請詳見Galtung, The European Community, op. cit., esp. Chap. 2.

(3) 凱撒早就提倡統合和局外體系「相互作用」研究之重要性。凱撒是以ＥＣ與局外超大國—美國間「相互作用」爲實證分析案例。請詳見Karl Kaiser, Europe and the United States : The Future of the Relationship, Columia Books, Inc., Publishers, Washington, D.C., 1973. ; Kaiser, 『The U.S. and the EEC in the Atlantic System : The Problem of Theory,』 Journal of Common Market Studies, Vol. V, June 1967, pp.388 - 425. 另有關以成立ＥＥＣ之歐洲六國與以英國爲首ＦＦＴＡ（歐洲自由貿易連合）構成相互對抗勢力，其間「相互作用」之關係如何之研究案例亦值得注意。請詳見Kaiser, EWG und Freihandelszone : England und Der Kontinent in Der Eurpaishen Integration, A. W. Sythoff - Leiden, 1963.

(4) Donald J. Puchala, Internal Order and Peace : An Integrated Europe in World Affairs, I.P.S.A. 9th World Conference, Montreal 19 - 25, VIII, 1973.

(5) 請參閱前揭書第二頁。另包括「瑞士連合」，有關將「地域連合」盛衰的行動模式予以分析者，請參閱Karl W. Deutsch, Nationalism and Its Alternatives, Alfred A. Knopf, New York, 1969, esp. Chap. 4.

(6) Puchala, ibid., pp.2 - 4.

(7) 例如ＥＣ和「北方」世界尤其是美國的關係，自七三年以後石油危機時，ＥＣ的個別行動益加顯著。如ＥＣ各加盟國對美的單獨外交行動，越加深了美歐龜裂的關係。詳見Karl Kaiser, 『Europe and America : A Critical Phase,』 Foreign Affairs, Vol. 52, No. 4, 1974, pp. 725 - 741. 另該個別行動之實際狀況請參照 Craig R.

Whitney, Brandt Aids Divided on Leaning to U.S. or Conciliating France,』 The New York Timse, February 21, 1974.；C.L. Sulzberger,『Another Decline of the West,』 April 13, 1974.

(8) Puchala, ibid., pp.3－5.

(9) Ralf Dahrendorf,『Possibilities and Limits of a European Communities Foreign Policy,』 World Today, April 1971, p.152. 有關插曲請參照第二章第三節有關塔連道夫之註腳。塔連道夫之匿名論文一旦在輿論界曝光，便引起當時委員會以委員長（Malia Malfatti）爲首成員強烈之反彈。渠在該匿名論文批評委員會所鼓舞之調和及善意，將削弱EC無法估計之力量。（Zeit Nr. 29－Seite 3, Juli 20, 1971）

(10) 有關該力學變數之數據請參閱Galtung, The European Community, op. cit., Chap. Ⅳ. 另比較研究擴大EC力學變數與其他大國關係者請參閱Roy Pryce, The Politics of the European Community, op. cit., pp.117－121.

(11) Puchala, ibid., p.10. 另有關以連合協定和貿易協定爲EC對外關係發展主軸之研究案例請參閱Stanley Henig, External Relations of the European Community：Associations and Trade Agreements, Chatham House：PEP, London, 1971.

(12) Puchala, ibid., p.17. 有關對阿拉伯各國石油戰略之對策，EC與美國劃清界線，採取「自我主張」型政策行動之分析請詳見Flora Lewis,『France Is Joining Oil Talks Warly,』 The New York Times, February 7, 1974.；Craig R. Whitney,『New Bid to Arabs Made by Market,』 The New York Times, June 11, 1974.

(13) Lindberg and Scheingold, Europe's Would－Be Polity, op. cit., p.47 ff. 另請參照第四章第二節。

五、歐洲共同體和第三世界

㈠歐洲共同體的「自我主張型」統合雖在局內系統的發展留有保留的條件，但該一特性在今後將會越來越加強。該行動軌跡，倘由最近的歐洲共同體業已提高參加國際會議的意願來看，可作爲一個實證⑴。另由國際會議其中之一個指標來看時，如一九七五年四月歐洲共同體參加在巴黎舉行的「產油國暨消費國準備會議」，可說成是該項意願的反映案例。再者，共同體並不限止於對國際會議的關注及和各加盟國的外交，特別是在擴大自己本身以外的對外關係方面。一九七四年歐洲共同體和「中國」的外交接觸，即是爲了加深外交密度；另將歐洲共同體的代表部，重新在日本開設之情況，均是良好的案例⑵。即使如第七章中所見的，歐洲共同體在七〇年代中葉以來，即和東歐各國進行經濟交流，俾緩和外交；另加深了和亞洲的ASEAN（東南亞各國連合）各國的經濟及政治交流。該等「自我主張型」的行動，即使在八〇年代的今天也仍然繼續著。

緣此，歐洲共同體在推動「自我主張型」的行動下，倘以和平的觀點看來，是一項問題領域，並非是歐洲共同體和強勁的國際體系之間，相互抗衡力量的領域，而是歐洲共同體和脆弱的國際體系間，顯現力量差距的一個交涉範圍。後者的範圍，相對地降低了交涉能力和權力基地，而且容易受到大國的脅迫和滲透。可以和「南方」的第三世界的交涉範圍表示之(3)。另一方面，所謂前者的範圍，即指歐洲共同體和美蘇強國或者是其他大國之間的關係，其中的交涉能力和權力基地相對地提高，係依自律能力而相互抵抗的交涉範圍。在後者的交涉範圍中，歐洲共同體的「自我主張型」行動設有界限。第一個理由是，歐洲共同體的交涉能力，倘較之其他強勁的國際體系，則其本身從一開始即被限制。第二，應可說是以交涉能力爲核心，其軍事能力被處於禁慾狀態中的緣故。對此，在比較與第三世界的關係，問題內容變成有所不同。理由爲何？關於歐洲共同體和第三世界的交涉能力決定在經濟能力，該兩者都希望採取超越存在差距的原因。該存在差距廣泛地說，即是權力的「非對稱性」(asymmetry）結構及其所附帶的特性(4)。權力的「非對稱性」結構在情況明顯的時候，很容易產生對和平威脅或提高紛爭及戰爭的可能性。此可由由十九世紀到二〇世紀列強反反覆覆的殖民地戰爭歷史可作一實證。因此，殊值重要的是，歐洲共同體，該在第三世界，提出對和平的危險信號，並重新由新的視野做一番檢討工夫。

㈠所謂重新的視野概可歸列如下：

歐洲共同體對局內的系統方面，倘從「非零和」遊戲中發展到「利益共同體」的遊戲來看，即使賦予相互作用的「協調」功能，對容易受到權力滲透及脆弱的第三世界而言，該「不平等的力學」（=「支配的力學」」之可能性將變得更強。這並非是否定「阻礙和平的因素」（=「顯在的暴力」）之「消極性的」和平問題，爲追求「和平的促進要因」（=「公正的結構」），而不得不將深刻的問題直接關連到「積極的」和平問題(5)中，在無法期待達成和平及限制「結構性的暴力」（structural violence）的存在下，卡爾通的和平理論和以上的問題將更進一步互為表裡關係(6)。

因此，可一面參考卡爾通的理論，一面觀察以下的發展(7)。

倘依據卡爾通的理論，則歐洲共同體和第三世界的關係可形成三種類型的支配力學。且在該三種支配力學的重疊作用中，可從傾斜的社會結構中，產生明顯的所謂「結構性的暴力」所謂三種支配的力學？係指第一是「搾取型」（exploitation）；第二是「分化型」（fragmentation）；第三則稱為「滲透型」的支配力學。該力學，係將歐洲共同體當作中心基準，以不斷地迴轉第三世界的週邊運動，期形成「向心、離心」作用的力學。卡爾通特別將此稱為「中心、週邊」的力學。倘以此作為具體的系統作用時，則將具有什麼特色？首先，歐洲共同體在貿易關係中將形成制度化的「垂直分工」（歐洲共同體提供資本、第三世界提供資源、勞動力、市場）。其次，開發中的國家「第三世界」為了迴避歐洲共同體的支配，並鞏固橫的團結以及施以「分化」的抵抗力，乃對各個國家採取個個擊破的戰術。更進一步地，歐洲共同體另以教育及意識形態為政治媒體，把西歐的近代化理論向「南方」的第三世界「滲透」，如此強化了教育文化的洗腦作用，以便於歐洲共同體的統治階層，較容易支配第三世界的統治階層所成立的支配力學(8)。卡爾通主張的力學，對特別是和歐洲共同體締結聯合協定的非洲各國（＝舊殖民地各國）產生了明顯的作用。由卡爾通的理論尤其渠所持的銳利批判來看，歐洲共同體統合在矛盾的現實中應可被評價為仍在追求虛構性的和平。

那麼，卡爾通理論對歐洲共同體支配力學的實證性如何？首先，限論及非洲的聯合協定各國（＝舊殖民地各國）的情況，如下的理由可說是實證性很高。歐洲共同體事實上在第一次的「雅溫得協定」（yaounde）時就已考量貿易結構的「垂直分工」，其結果是非洲各窮困國家均被歐洲共同體的專門原料及一次產品的供給所固定了。根據以上的現實情況，就歐洲共同體和第三世界言，不外乎是同時發生「向心力＝離心力」的力學。歐洲共同體對第三世界之輸出產品，所產生的歐洲共同體、與非洲各國之間的經濟成長關係，是一種無奈的、跛行的非對稱性發展。該非對稱性的發展，第一是依歐洲開發基本或歐洲投資銀行有制度的操作（依基金或銀行制度，幫助非洲各國對歐洲共同體輸出）而產生，第二是隨著所謂的「反最惠」的功能操作（對和歐洲共同體進行貿易的非洲各國給予優惠待遇），而造成一方的向心軸經濟成長（＝歐洲共同體的發展），和另一方的離心軸經濟停頓（＝非洲各國的後退），故造成統合的矛盾(9)。

㈢當然卡爾通理論，對於歐洲共同體和第三世界間的「垂直分工」關係，並不能說是將所有的實際狀況均付諸證實。反證的例子是，依Andrew Mack最近的研究曾經銳利指出(10)。連歐洲共同體本身在進入七〇年代後期和第三世界的關係已將原來的「支配型」的政策軌道作一嚐試性的修正。該修正軌道的萌芽，即如一九七五年二月「羅馬協定」中所顯現的，「羅馬協定」對於四十六個新興的發展中國家（非洲、加勒比海、太平洋地區的四十六個ＡＣＰ國家），刻正嚐試著將原來以支配和服從為內容的統合政策，轉換為以平等和協調為基準的統合政策(11)。該項轉換，按卡爾通理論言，未必就能做一明確的認識。「羅馬協定」是今後在考察歐洲共同體對外政策時一項重要的預測。雖如此，對於卡爾通所提倡的歐洲共同體的脆弱的國際體系及該支配力學的危險性等，在對歐洲共同體作統合的分析時，是一個不可遺漏的重要力學。該會產生此一危險主因？卡爾通亦不能解釋清楚。不管如何，歐洲共同體的控制糾紛力學表示了「局內」和「局外」的不連續軌跡。另在「和平的力學」的第一個階段（局內力學）中和第二個階段（局外力學）中，均含有渠所欲隱藏的間隙存在。該等不連續性的軌跡，對於國際統合的和平，希能隱藏其進退維谷的困境。可是，如果說就是這樣，所謂國際統合對和平的威脅，在本質上並不包含有危險性。統合寧可如反覆所指出的，是以軍事行動催化的「脅迫系統」理論，希能從統合自己本身的相互作用中排除。

前面所顯示的統合與和平的困境，並非因產生統合的理論，而是由非統合的理論所誘導的。如果換個角度來說，統合理論本身對於和平的危險，可說是處於無菌狀態，倘和非統合的理論做接觸時，在自我主義和權力主義所表現的有害菌中，則有被感染的危險性。另統合與和平的進退窘境亦有下列的原因。在國際政治的現實狀況中，比起統合理論，則非統合理論，較佔有支配性的位置，且所產生的統合與和平困境及根本原因均不可遺漏的。

所謂非統合理論，是將國家之間，顯著力量的非對稱結構和國際政治外交談判的行動配件予以正統化的理論。更直截了當地說，就是「弱肉強食」的非情理論。因此，從統合理論中所看到的「平等和協調」等理性理論，其本上是不容易產生的。問題是非對稱性的非統合世界，對對稱性的統合世界，能產生多少程度的正面影響？遺憾的是在現實中，歐洲共同體所表現出的統合世界，就國際政治言，仍屬於少數的集團，甚至被限定在屬地區性的西歐特定國家。相對地，非統合的世界仍太過於廣泛，且其支配密度仍然偏高。倘如此，則非統合世界的結構，僅限於以對稱性秩序爲基準的系統變化做一表示，國際統合的「和平力學」，也將演變成是由其本身繼續持有界限的領域；另對於統合的和平貢獻度，終將不被理所當然的限制。雖然如此，在統合的國際政治中，並非否定其效用性即可。無論如何，統合的效用性，係後「脅迫」和「紊亂」型的舊體制力學中脫離，並迴繞著協調軸所產生的發展，並以處理及解除紛爭的新體制力學爲指向。故統合可說是重新擁有和平的意義。

無庸說以上議論，有待更深一層的假設和檢證作業。尤其是有關歐洲共同體的統合世界和非統合的世界，業從新的角度做一番實證研究。例如，歐洲共同體和非統合的世界和個別系統所產生的主體關係，將統合規則的爭議點及不同的外交談判領域付諸現實情況的驗證等，所產生的驗證程度，均是一個研究案例。

(1) 產油國及消費國會議除EC等先進消費國參加外，亦包括日美二國。在該會議EC採取與開發中國家對抗之行動。在檢視EC與第三世界關係之際，此項不可疏漏。另在七五十一月假(Ranbouillet)召開的首腦會議，EC並不被盧森堡等三個邀請，實無法以一個政治實體單獨行動。

(2) EC與「中國」雙邊關係之改善始於七五年一月。在(C' Soams) EC副委員長訪「中」後，雙方正式建立了外交關係。此乃「中國」將EC視爲對抗蘇聯之一股新興勢力，除對其政治性功能給予高度的評價外，或可說ＥＣ在國際政治上的影響力已漸增大之故。另七五年三月，ＥＣ並在日本東京設立代表部及與日本簽訂雙邊協定。

(3) 倘說第三世界的交涉能力均很低是很牽強的。例如ＯＡＰＥＣ（阿拉伯石油輸出國機構）和ＯＰＥＣ（石油輸出國機構）集等決定石油輸出價格之交涉能力，至七〇年代以後呼聲日高之事實即是一項反證。可參照Roger D. Hansen,『The Political Economy of North - South Relations,』International Organization, op. cit., pp.921 - 947.

(4) 有關以越戰為研究案例，分析力學之非對稱結構原理之論文有Andrew Mack,『Why Big Nations Lose Small Wars：The Politics of Asymmetric Case,』Politics, Vol. XXVII, No. 2, January 1975.

(5) 該論點經由「和平研究」和「紛爭研究」之相互作用發展而成，研究論文如臼井久和之「國際紛爭與紛爭研究」（『國際問題』一七七號、一九七四年、頁三八至五一）及以「南北問題」為研究焦點之西川潤「和平研究、南北問題─從經濟學觀點（『國際問題』同顫，頁二十二至三十七）以及高柳先男之「『和平之新開展─以奧斯陸、法蘭克福為中心」（『國際問題』一七七號、一九七四年）等。

(6) 有關卡爾通之「結構性的暴力論」請參照Johan Galtung,『Violence, Peace and Peace Research,』Journal of Peace Research, Vol. 6, 1969, pp.167 - 191.；『A Structural Theory of Imperialism,』Journal of Peace Research, op. cit.

(7) Galtung, The European Community, op. cit., esp. Chap. V.

(8) Ibid., pp.55－67. 依據卡爾通之例證，EC對第三世界之分斷型支配，如過去十年來（一九六三～七三）之統計數據顯示，EC自未參加雅溫德協定之開發中國家貿易輸入量只維持在平均百分之八左右，另外自參加雅溫德協定各國之輸入量則僅止於百分之五。

(9) Ibid., pp.70－71.

(10) 馬克對卡爾通之批評可歸納為以下二點：第一、馬克重視第三世界全體產業結構其加工產品領域所占之比率上昇之事實。亦即，第三世界之加工產品在其全體貿易輸出所占之比率在六〇至六九年時由百分之十四增加至二十四。根據此上昇事實，馬克對卡爾通所謂之EC對第三世界貿易之垂直分業體系（即EC的加工產品第三世界之一次產品）固定論加以批評。第二、馬克舉選、組之反證案例強調卡爾通理論只是一種破格現象。請參閱Andrew Mack,『Theories of Imperialism：The European Perspective,』Journal of Conflict Resolution, Vol. XVII, No. 3, September 1974, pp.526－527.

(11) 洛梅協定是規定EC與開發中國家各國之協調關係，嘗試賦予其革新的變化及刷新其內容，並調整了雅溫德協定之「支配型」性格，著重於產業合作及財政技術之合作事項。詳見Bulletin of European Communities, no., 1 1975, pp.6－9.

第六章　ＥＣ統合行動軌跡的特色

一、緒　論

一九八一年九月二十三日，在紐約的外交評議會上（Foreign Policy Association），當時英國的外務大臣凱林頓卿（Lord Carrington）曾一面展望一九八〇年代的ＥＣ、一面提出有關ＥＣ統合現狀非常饒富趣味的假設。該假設即有關「ＥＣ自進入一九八〇年代後之現狀，雖擬加強「政治合作」（political cooperation）的架構，但是相反地，卻使其成爲各加盟國間國對外政策共通化及組織化的「政策統合」（policy intergration）動向致使其停頓。該假設亦可稱之爲與統合有關的（雙重＝ambivalence）假設（＝二律相背假設）。

凱林頓卿並以ＥＣ各加盟各國之間進行的政治合作爲例，列舉下列二件實例。第一、在西歐方面，擬積極促使歐洲安全保障合作會議（ＣＳＣＥ）制度化。第二、在中東地區方面，則不遺餘力創造與一九七八年美、埃之間「大衛營」（Camp David）方式不同的和平體制政策。（該政策不僅確保以色列的安全保障，並將重點放在適當解決巴勒斯坦的問題）。第三、一九七九年十二月蘇聯軍事入侵阿富汗後，針對蘇聯從阿富汗撤軍，積極調整各加盟國的對外政策⑴。另一方面，凱林頓卿則強調「歐洲共同體從關稅聯合開始連盟，雖擬在經貿關係方面，採取共同的對外政策，但是各加盟國並沒有盡到共同協議對外政策及條約上的義務」之事實⑵。正如凱林頓卿本人所說的，「歐洲合衆國」（United States of Europe）現在根本不存在。

凱林頓卿前述的EC統合現狀（ambivalence）之假設確實含有重大的意義。倘將焦點放在至今業已超過四個半世紀的EC統合的歷史行動軌跡上，並重新作詮釋的話，則EC統合雖自一九五〇年代開始至一九六〇年代中葉一直是採用所謂前進及後退的Z字型的行動模式，大致上仍有朝向統合發展的方向性及可能性；但自一九七〇年代以後，該發展則顯著地顯現鈍化現象。的確，雙重假設（ambivalence）與歷史的事實有很密切的關係，但事實上，該二者有何關連？

本章擬將右述的（ambivalence）假設或（EC統合鈍化現象）假設視爲EC統合現狀之一的有關命題，並盡可能嘗試作其理論性及歷史性的論證。該項論證，概可歸納成以下三點：

第一、（ambivalence）假設或（EC統合鈍化現象）假設就國際統合與EC關係乃至文學上言，應如何說明？我們無法否定其與統合的定義及理論化作業存有密切關係的一面。倘先下結論的話，則EC統合的鈍化現象就國際統合而言，如果將該現象集中在尤其是討論行爲主體的決策力學時，亦即將重點集中在強調「政府間主義」(intergovernmentalism)的傳統型國家間之決策體系抑或可能轉換成標榜新的「跨國家主義」(transnationalism)的政府或非政府間之混合決策體系的理論時，才會逐漸顯露出該傾向。許多統合理論的研究者是從該項理論觀點來凸顯EC統合的實際情形及其鈍化傾向(3)。

第二、(ambivalence)假設或(EC統合鈍化現象)假設可由與其說是政治決策體系的理想狀態，還不如說是更廣泛的統合力學角度中獲得論證。亦即凱林頓卿所提到的「政治統合」議論。據此觀點來看，則有關EC的「政策統合」在過去的四個半世紀可由(negative＝後退化)及(positive＝前進化)之二極間搖擺，及至一九七〇年代後，則由該後退化傾向的事實中，獲得論證(4)。

第三、(ambivalence)假設或(EC統合鈍化現象)假設若將議論的角度再次深入統合理論探討時，則一直與國際統合的「最終狀況」(end state)相關連，說得較極端些，亦即該假設與統合「門檻」(threshold)的高低有密切的關係。即使是EC的情形，亦須依據以E.B.Haas爲主的新功能主義理論，期超過國家主權的方向俾提高統合的「門檻」? 抑或依照Karl W. Deutsch等的交流主義理論，如將不超越國家主權的「安全保障共同體」放在統合「門檻」下的話，則在凸顯統合的進度方面，將造成很大的差異(5)。甚且，重要的是，該與EC統合的「門檻」或「柵欄」(hurdle)之議論未必有所相關或受到限制。EC在國際政治的影響力近幾年來已成爲衆所週知的事實。我們希望基此關心前提，進行下面的議論。

(1) Lord Carington, The Foreign Policy of the EEC：Europe in the 1980s, the Foreign Policy Assciation, New York, September 23, 1981（Vital Speeches of theDay, October 15, 1981, pp.6－9）.

(2) Ibid., p.6.

(3) 例如Leon N. Lindberg,『Political Integration as a Multidimensional Phenomenon Requiring Measurement,』International Organization, Vol. 24, No. 4, Autumn 1970, pp.649－731.；Louis J. Cantori and Steven L. Spiegel,『The Analysis of Regional International Politics：The Integrative versus the Empilical Systems Approach,』International Organization, Vol. 27, No. 4, Autumn 1976, pp.465－494.

(4) 請參閱EC委員會刊行之European Integration：A Chronology（1981）.

(5) 請參照第三章第二節第一項㈠

二、決策體系的觀點

㈠首先擬就有關決策體系與EC統合的相關性作一分析。

有關國際統合的決策體系的特色，可謂是從統合的意思衍生而出。在此非指國內統合（internal or national integration）的標準，而係指國家之間統合標準的國際統合。就其意義言，則具有二大特色。第一個特色，誠如我們在前面所看到的，雖說，業已在統合理論家之間形成許多學說，但可經由國際統合向所謂業已具備現代國際政治一貫構造屬性的「民族國家體系」（nation－state system）挑戰，甚至在根本上擬改變該體系實際狀況之舉看出⑴。國際統合基本上並不是要摧毀「民族國家體系」，與所謂「同盟政治」的力學內容不同。至第二個特色，可謂自第一特色直接演繹而來的。亦即國際統合的第二個特色具有「超國家主義」的政治思想。如前所述係以「超國家主義」的政治思想為立足點，若要將國際統合下定義的話，則所謂國際統合即是逐漸揚棄「國家的心情屬性（國家主義或對各國的忠誠心）及國家的行動屬性（即國家的存在理由對外政策決策權及政治上的自立權），期重新創造國際共同體（＝超國家共同體）的一個過程⑵」。

倘將該項統合的意義印證至EC統合時，則如何才能掌握政治決策體系的精神？承知EC是由歐洲煤炭鋼鐵共同體、歐洲經濟共同體及歐洲原子能共同體構成，該三個共同體在一九六五年四月的「融合條約」中，共同成立了EC委員會及內閣理事會；甚至亦設有歐洲議會、共同法院及常駐代表委員會的主要機構，各職所司……，在前面第四章業已分析。在此，擬不一一列舉該等機構的決策體系，而是擬分析EC決策體系整體的力學特質。若將前述國際統合的意義，尤其是「超國家主義」的政治思想與EC的決策體系相對照的話，則EC的決策體系正如第四章業已詳述，理論上可將其看成是國際政治上常看到的，從傳統型國家獨佔方式的階段轉向重新籠絡非國家主體或超國家主體作為主角的國家或共同體混合方式的階段，甚至最後是轉換成超越國家利益（national interest）束縛的共同獨佔方式的一個過程(3)。換言之，ＥＣ的決策體系倘由統合的定義及意義詳述的話，理論上可解釋或係以集團式的意思決定方式及制度化的一種過程為其特質。

(二)集團式意思決定方式及制度化的過程，如何在ＥＣ統合的歷史中展開？有待明確地瞭解該理論與現實差距的實際情形。

ＥＣ的決策體系，事實上並沒有按照統合理論所示的，係以階段型的集團式的意思決定方式及制度化而強而有力地發展。就另一方面來說，ＥＣ從成立當初就一直擬導入統合理論「超國家主義」的政治思想，實際上卻僅是不易保持力量均衡的「兩頭型」體系（tandem formula）。所謂「兩頭型」體系，簡言之，即指超國家型的ＥＣ委員會僅是政策提案的角色而言；另一方面則委由ＥＣ內閣理事會先謀求調整各加盟國之間的國家利益後，再付諸審議、調整的「雙重構造」之意。該「雙重構造」事實上在ＥＥＣ及歐洲原子能共同體制（EURATOM）成立的羅馬條約第一四五條、第一五二條、第一五五條的各條款中早已被明文化。並以該一九六五年「融合條約」的簽字為契機，而由各加盟國大使級官員組成的常駐代表委員會亦正式加入該「雙重構造」，故ＥＣ委員會在提案有關ＥＣ的共通政策前，須與常駐代表委員會進行政策協商；此外，ＥＣ內閣理事會在接受ＥＣ委員會的政策提案後，須再次透過調整常駐代表委員會與各加盟國政府見解的方式，進行密切的協議。當該調整作業無法順利發揮功能時，ＥＣ內閣理事會即嘗試修正或變更所提案的各項政策(4)。

右述的「雙頭型」體系並非傳統式的國家獨佔方式，很明顯地可說是促使非國家主體（亦即ＥＣ

委員會）參與政治決定過程的一種國家、共同體混合方式的型態。亦即業已具備了部份的國際統合體系的屬性。但是，該「雙頭型」體系務須促使EC委員會及EC內閣理事會之間的行動原理，在不同的二個意思決定主體下不斷地分擔各該任務，俾謀求力量的平衡；故可說是成立在均衡安全的構造上。故倘有行動原理不同情事即是因爲EC委員會不是傳統式的政府機關，較易謀求「超國家主義」的政治思想具體化。相對地，由於EC內閣理事會畢竟是受到各加盟國國際利益的動靜左右，將傳統式的「政府主義」置於行動的原點上。故EC因持續保持此種與行動方向相反的決策體系，所以擬使EC區域內的國際政治產生統合的直線發展是件十分困難的工程。

㈢另具有「雙重構造」的EC決策體系是否順利保持均衡，或展開EC的統合政治行動？事實上並非如此。該力學平衡開始受到破壞係始於一九六〇年代中葉以後，並在一九六〇年代中葉發生促使EC統合鈍化（遲緩）現象定型的重要事件。即自一九六五年七月開始連續七個月的「馬拉松政治危機」。與EC統合有關的紐浩斯（John Newhouse）曾詳細分析該危機過(5)，至今天仍有許多統合研究學者明確指出，以該危機爲分界限，EC決策體系的均衡均受到破壞，另由於EC各加盟國，因促使「超國家主義」的政治思想倒退，相反地卻凸顯出「政府主義」的事實。簡言之，「馬拉松政治危機」乃是造成國際統合的理念倒退的因素。倘考慮到該危機對EC統合意義的重要性，則有待再次提及「馬拉松的政治危機」的內容。

「馬拉松政治危機」發生的過程如下：在危機發生的那一年，EC對穀物係採取統一價格；此外在比這更早的幾個月前便已開始促使「歐洲農業指導保證基金」（FAGGF）開始動作（七月一日）。EC在當時爲了達成共通農業政策（CAP）的市場，面臨了必須實施該政策，俾確保財源的緊急問題。且自一九六二年即開始發揮功能的財政規則政策則在此年的七月一日亦告失效，於是EC委員會緊急向內閣理事會提出了應急的新政策。該提案即是EC委員會從各加盟國的共同關稅（農產品、工業產品二個部門的關稅）中，徵收實施共通農業政策（CAP）的必要的財源；然後委由委員會重新管理此一共同關稅。該提案很明顯地含有對EC委員會各加盟國提高其財政權限及行政權限的企圖。因此該提案可說是企圖促使超國家主體的EC委員會更加地實踐其「超國家主義」的政治思想。即使在當時來說，EC並非統合的象徵，而一直將其視爲共同市場的一種形態的法國的戴高樂政府便曾強烈反對該等「超國家主義」的構想，並且全面拒絕EC委員會的提案。法國自一九六五年七月一日起至其後的七個月中，曾連續採取對EC共同體的所有會議均缺席的政策。可謂是十足的抵制政策。連駐布魯塞爾（Bruxelles）的法國代表亦被即刻召回巴黎。

「馬拉松政治危機」於一九六六年一月底，因達成「盧森堡妥協」（Luxembourg Compromise）才大致獲得解決。危機過去後EC並沒有解體。但該「盧森堡妥協」對EC的決策構造，亦即對「雙頭型」體系以後的營運產生重大的影響。原因在於該「盧森堡妥協」首先切斷EC委員會的財政權限及行政權限，並以不提高EC委員會的行政權限爲發展方向。如第四章第二節中曾詳述過，在此時法國提出了「十條備忘錄」(6)。該備忘錄包括了今後務須排除所有承認EC委員會即爲EC政府的「錯誤思想」，以及擬將EC委員會附屬於EC內閣理事會的主張。總而言之，擬使EC委員會在EC的決策體系中成爲一個輔助機構，該主張均被採納在「盧森堡妥協」之中。

事實上，「盧森堡妥協」帶給了成立在微妙均衡點上的雙重（ambivalene）及「雙頭型」的EC決策體系一種新的力學變化。所謂的「變化」意味著係如以往將EC的決策體系放在「超國家主義」及「政府間主義」的中間，俾保持平衡以及重新確立後者對前者佔有優勢的方向。就EC委員會與EC內閣理事會之間的關係言，所謂「補助機關」亦即包含了在各加盟國之間下決策時的約定事項。EC的各加盟國如第四章所述的，當其進行討論有關重要的共同體利益時，係採取全會一致通過（unanimity）的手續。該等「政府間主義」佔優勢之舉同時也意味著EC各加盟國間的「元首外交」，致使高峰會議在EC的決策體系頂點重新得以制度化。EC的高峰會議（summit）一般稱之爲「歐洲理事會」（European Council），自一九七四年十二月在巴黎的會議以後，一年至少舉行三次。在該「歐洲理事會」中刻正討論導入「歐洲聯合」構想(7)及歐洲議會的直接選舉制、EMS（歐洲通貨制度的構想）以及要求蘇聯從阿富汗撤軍等事項，並依實際情形來決定EC的共通政策。即使進入一九八〇年代，例如面臨英國的預算金分擔及扣還問題等重要的EC共通政策時，EC高峰會議仍擔任有政策調整機關的重大任務。「歐洲理事會」制度化的嘗試確實使得依據「超國家主義」政治思想的統合理念有所倒退。但是EC各國由於促使統合理念後退，相反地，或可說可能因此提高了EC在國際政治上的影響力。故倘將重點集中在EC決策體系變化來說，則EC的高峰會議，即「歐洲理事會」

的制度化說明了是向世界傳播EC的政治發言權，同時亦可將其視爲是擔任擴大EC的一個有力的管道。

(1) 有關將該論點明確化且有成就的是Donald J. Puchala, Of Blind Men, Elephants and International Integration, Journal of Common Market Studies, Vol. X, No. 3, March 1972, pp.267－284.

(2) 有關國際統合的定義及其「超國家性」之特異點請參照第五章第二節第一項。

(3) Leon N. Lindberg and Stuart A. Scheingold, Europe's Would－Be Polity ：Patterns of Change in the European Community, Prentice－Hall, Inc., New Jersy, 1970, esp. pp.71－74.

(4) 針對該論點作深入實證研究者有Christoph Sasse, Edward Poullet, David Coomes, Gérald Deprey, Decision Making in the European Communtiy, Praeger Publishers, New York, Londo, 1977.

(5) John Newhouse, Collision in Brussels ：The Common Market Crisis of 30 June 1965, Faber & Faber, London, 1967, esp. Chap. V, Chap. VI.

(6) Sasse et al., op . cit., p.190.

(7) 該構想請參閱Leo Tindemans, European Union ：Report to the European Council, Brussels.

三、政策統合的觀點——統合的前進化（positive）、統合的後退化（negative）及統合的和協（balance sbeet）

㈠有關ＥＣ統合的雙重（ambivblence）假設或ＥＣ統合鈍化現象的假設，無論從決策體系的觀點或從比此更廣角角度來看，均可做相當程度的論證。此即緒論中曾提及過的「政策統合」觀點。所謂的「政策統合」概可解釋爲與一九六〇年代末葉，J.S.Ney（Joseph S. Nye）曾嘗試予以理論化的意義相似。亦即與其說是國家主權的廢棄或超國家主體的創造過程，還不如以更廣義的角度規定之。換言之，可將該定義作爲各加盟國間對外政策共通化的一種「政策統合」過程⑴。因此，在ＥＣ區域內的國際關係中，各加盟的共通政策在每一個時期之進展程度，似可追溯到所謂「統合的和協」（balance sheet）之年代，並嘗試使其明確化。我們姑且稱之爲統合的前進化（positive）、統合的後退化（negative）、及統合的和協（balance sheet）。屆時，判斷（統合的前進化）及（統合的後退化）是件非常主觀且任性的工程。該項統合和協，或多或少可使ＥＣ統合行動軌跡的實際情況益加明顯。倘據此推測ＥＣ至今的統合史的話，則大致上可區分爲三個時期⑵。但倘由環繞在（positive）及（negative）的振幅時期並區分與以往的決策體系觀點來看，則情形未必符合。原因在於決策體系的觀點倘較之「政策統合」的觀點，就有關統合進展度的觀測來說，該等功能性的變化（例如：各加盟國之間的政策動向），有益加重視制度化（例如：決定共同意思的模式）的傾向，故尤須以嚴謹的觀點看之。換言之，決策體系的觀點遠比統合的標準或門檻有更付出理論關心的傾向。故該統合的本質實十分令人質疑。

(二)第一個時期可從一九五〇年代中葉至一九六〇年代初期此段期間抽出；該時期雖多少可看到促使統合後退的動向。但就整個統合的平衡表來說，則很明顯地係傾向促進統合前進的方向。

首先擬指出的是已由ECSC發跡後的EDC（歐洲防衛共同體），儘管因法國的拒絕而遭受挫折，但在一九五七年三月二十五日，由荷蘭、比利時、盧森堡三國與法國、西德、義大利等國均順利地簽下羅馬條約(3)。羅馬條約雖是促使EEC及歐洲原子能共同體發跡的條約，亦是相關各國「政策統合」的明顯實例。羅馬條約祛除了包括各加盟國間有關商品、財產的自由移動及數量限制等所有的貿易障礙。並樹立以人、服務及資本自由移動的關稅聯合（Custom Union）爲其直接目的。更重要的是羅馬條約在農業、運輸、競爭、立法、社會政策及對外通商政策等各領域，企圖謀求各加盟國之間的共同政策化(4)。換言之，亦即羅馬條約擔負了「政策統合」的憲章任務。該羅馬條約（一九五八年一月一日生效）、於一九五九年一月在六個加盟國，實施了有關貿易方面的第一次降低關稅行動。

在同時期，促進「政策統合」的第二個實例是在EC六國間確立共通的農業政策原則。農業政策的共通化在羅馬條約簽定後，尤其成爲各加盟國重要的關心事件。在一九五八年七月的史特雷薩會議上，雖討論了有關共通農業政策的大綱，但因對各加盟國農業活動有所限制，故連確立該政策上的原則都十分困難。該原則經過長期間的馬拉松交涉後，始於一九六二年一月獲得認同。共通農業政策的原則包括下列四點：①達成一個共同的市場，並對許多產品設定共同的價格、②各加盟國的農業人口可與其他扇形戰線區（sector）的農業人口享受相同程度的生活水準、③對於區域外的國家言，共同體的產品享有優先權、④依據歐洲農業指導保證基金（FAGGE）的規定，共通農業政策的目的在於謀求財政上的團結。由於各國均非常重視該項成功案例，因此EC的內閣理事會便將時間追溯到一九六二年一月一日，亦即宣佈EC進入羅馬條約規定的第二個統合階段。

但在推行「政策統合」領域的過程中，並非意謂所有的領域均完全順利的進行。當然在統合的和協方面（balance sheet），也有統合後退化（negative）的例子。較代表性的例子便是「Fouchet plan」（計畫）的失敗實例。尤其在進入一九六一年後，EC的六個加盟國在「政策統合」的立場下，曾嘗試謀求較大的進展，亦即係以超出共通農業政策的原則及其所同意的較大膽的「政策統合」行動。

另在一九六一年二月十日、十一日的EC各加盟國的元首會議上，採取超越共同市場（Common Market）的標準，同意「在六國間設立政治性聯合的組織」，並根據該項同意案由各加盟國組成以法國的Christian Fouchet 爲首的委員會。但審議該「政治性聯合」樹立之可能的Fouchet 委員雖於同年的十一月二日發表了聯合構想，惟並沒有獲得各加盟國的承認。該第一次的「Fouchet Plan」及第二次的計畫均未獲得承認，而「政治聯合」的構想亦被往後延期。小國的比、荷、盧三國雖積極地對該構想表示關心，但該政治合作的理想構想，各加盟國終究不表示同意。該項「政治聯合」構想，倘使用在第一章曾提及的霍福曼（Stanley Hoffmann）的分析概念，則的確——與國家利益主權並不相容，且是一個無關國家外交戰略所左右之「高次元政治」（high politics）領域(5)。另因持用共通農業政策原則而獲得成功的ＥＣ「政策統合」，在此時期已無法侵蝕到「高次元政治」的領域，故「Fouchet plan」的失敗是件很自然的事。

㈢第二時期是指一九六三年至一九六〇年代結束的時期。該時期的特色之一便是與「政策統合」有關的統合的前進化（positive）、統合的後退化（negative）及統合和協（balance sheet）係採取對抗的過程。此外，第二個特色便是該前進化（positiv）、後退化（negative）係呈現交互出現的所謂「Ｚ字型」的方式，是一個頗富趣味的模式。

首先，第一個案例是一九六三年初期有關英國的加盟申請（丹麥、愛爾蘭、挪威亦與英國同時進行加盟）但由於六國的意見不統一而失敗，另擴大ＥＣ的共通政策在此時期亦不一致。其中尤其是有關英國的ＥＣ加盟申請，以法國的反對最爲強烈。在同年的一月十四日戴高樂總統甚至在記者會上表示：「法國很懷疑英國參加共同體的政治目的」。由於法國的反對，不僅是英國的加盟，連同丹麥、愛爾蘭、挪威的申請亦被延期(6)。

ＥＣ區域內的「政策統合」意見雖不統一，但在一九六〇年代此時期，由於ＥＣ各國在對外關係方面，刻正嘗試擴大聯合協定等政策，並獲得相當的進展。若將前述的例子作爲「政策統合」有關統合的後退化（negative）的一個例子的話，則右述的例子可說是統合的前進化（positive）的一個明顯的例子。其原因在於ＥＣ加盟國是以非洲的舊殖民地圈，擴大爲聯合協定諸國（associated countries），並在一九六三年七月二十日締結了「雅溫德協定」（Yaoundé Convention）。然後另在該年的九月十二日與土耳其締結聯合協定。正確地說是第一次的「雅溫德協定」，係以十七個非洲國家爲協定國⑺。因受到該等EC經濟網擴大化的觸發，在同時期（一九六三年九月），肯亞、烏干達、坦尙尼亞等國亦提出了與EC各加盟國聯合化的交涉。

不僅EC圈內的EC經濟網擴大，在同時期區域內的國際關係方面，則連續發生了以EC的統合前進化（positive）爲例的「政策統合」實例。如第一個案例是一九六四年五月四日，開始進行以EC各加盟國爲主的GATT（関稅暨貿易總協定）之多國間貿易交涉及甘廼迪政策（kenoedy round＝甘廼迪總統主張減低五十％的關稅，俾防止通貨膨脹的政策）之結果，EC的區域外關稅（external tariff）從三十五％削減爲四十％（但農產品除外）。

如此一來，EC的區域外關稅遠比EC各國的貿易對象國低。（甘廼迪政策於一九六七年六月三十日結束。世界主要的貿易國均嘗試實施一般性降低關稅。該協定是由EC各加盟國與委員會雙方簽定的）。而與區域外共同關稅有關的EC各國，「政策統合」已成爲其中的一種發展。第二個案例發生在一九六四年左右。在EC內部最重要的一件事就是爲了許多的農產品，因此才設定了共同農產市場。實際上，在一九六四年十二月十五日，有關穀物類均已採用了統一價格。另歐洲農業指導保證基金（EAGGF）亦從同年的一日起開始運作。該一連串的「政策統合」成果業已實踐了一九六二年一月的共通農業政策之各項原則。尤其在該原則下，期以早日實踐①有關農產品的共同價格、②EC

產品的優先化、③透過共同農業政策以謀求財政上的團結等事項。但倘「政策統合」有關統合前進化（positive）例子截至一九六五年仍延續的話，則絕非如此。其原因誠如前述，乃是一九六五年六月發生了EC史上最大的「馬拉松危機」，因法國實施了對共同體的抵制政策，致使該危機延續了七個多月之久。有關詳細內容，容不再次重述。很明顯地，EC的「政策統合」立場呈現出更大的後退化現象。當時，EEC委員會委員長Walter Hallstein雖曾嘗試促使超國家主體委員會的行政權限及財政權限提高，但徹底拒絕在EC區域內實現「超國家主義」政治思想的戴高樂總統則非常厭惡Hallstein的理念（「歐洲政治統合」）。結果，Hallstein則被迫辭職。換個角度來看的話，對於相對於民族主義（nationalism）的「超國家主義」來說，亦可說是一種勝利。該二者的爭執狀況，曾由S.A. Scheingold（stuart A. Scheingold）作過精闢分析(8)。

如此有關EC的「政策統合」在一九六〇年代中葉業已與初期的數年不同，可說是重新往統合後退化的方向後退。亦即是一種進展方向與以往相反的雙重統合的現象，同時也是一個Z字型行動的模式。甚至可追溯至一九六〇年代結束前EC各加盟國的行動軌跡，可將其視為因「馬拉松政治危機」致使過度傾向於統合後退化（negative）在和協關係方面（balance sheet）逐漸與統合前進化（positive）相對抗的一種新動向的連續。首先，第一點，如在第一節所提及的，由於一九六七年七月的「融合條約」發揮效力，得使各自零散存立的ECSC高等機構（High Authority）、EEC、歐洲原子能共同體委員會等均被廢止，後來在EC六國設立了共同的委員會，另內閣理事會亦跨越了三個共同體而被共通化。以上雖不是針對統合的「超國家主義」標準所提昇的新制度，但就ＥＣ機構改革的意義來說，卻是乙項重新促進「政策統合」的正面案例。

另在一九六八年七月一日完成了關稅聯合，由於免除了六國所有的關稅，故ＥＣ最後終於設立了區域外的共同關稅（ＣＥＴ）。該區域外共同關稅的樹立，較羅馬條約當初所預定的計畫提早了十八個月。此外，此雖不一定能構成「政策統合」前進化（positive）的例子；但該年的十二月，ＥＣ委員會的副委員長且是負責共同農業政策的Sicco Mansholt 發表了以「曼斯赫爾計畫（Manshalt plan）」而聞名的有關ＥＣ農業部門的近代化計畫(9)。

倘以一九六〇年代末葉有關「政策統合」統合前進化（positive）的案例來說，則在一九六九年十二月在海牙舉行的ＥＣ元首會議上，終可重新強調「政治合作」的事實。該項會議宣佈了下列五點事項：①羅馬條約現在已進入最後階段；②呼籲應達成經濟及通貨聯合；③應強化ＥＣ各機構的功能；④應支持擴大共同體的理念；⑤應給予政治合作上的新刺激。雖所謂擴大共同體及強化有關內容在實際上並不明確，但由於「政治合作宣言」與ＥＣ的「政策統合」相關，至少可使其轉換成統合前進化（positive）的方向。故右述的「政治合作宣言」亦可被稱爲「海牙精神」。

㈣第三時期係指一九七〇年代以後直至今天。其特色較類似第二個時期。亦即第一個特色之統合的前進化（positive）、後退化（negative）及統合的和協與「政策統合」有關，由於兩力方向相反相互交錯，因此容易失去平衡；此時與第二個時期相同，ＥＣ的行動軌跡顯示出Z字型的模式。且該Z

字型的振幅從一九六〇年代中葉至結束前是以加速度展開。至第二個特色雖屬印象假設，但該振幅亦可謂係朝向統合後退化的方向斜傾。

一九七〇年代十年，有關「政策統合」的統合前進化（positive）爲何？首先，擬先列舉此例。EC「政策統合」的統合前進化之第一個案例是一九七〇年的十月EC各加盟國承認了（Davignon report）。該（Davignon report）目的期使EC各加盟國之外交政策領域儘可能予以同步調化。亦即委由外交官人員定期召開會議。但該等政治合作體制畢竟因受到結束一九六六年一月「馬拉松政治危機」的「盧森堡妥協」條款的限制，未必可實現以國際統合爲目標的「超國家主義」的政治思想。該政治合作體制在進入一九七〇年代後何以如此迫切？原因在於與其說是來自於國際統合的內部邏輯（inner logic＝「超國家主義」的內部理論）不如說是由於EC加盟國增加了潛在力量。其結果產生了較以往更強烈更多樣的擬擴大EC在國際政治上的政治影響力；同時國際政治舞台亦開始認同，EC政治的影響力⑽？

事實上，所謂EC的政治影響力在進入一九七〇年代後，業很難在國際政治上受到被忽視，後來更相繼發生有關EC權力的認知事件。首先，第一件事容待在後面提及，從一九七三年一月開始，EC雖重新讓英國、丹麥、愛爾蘭加盟共同體並致力於擴大EC的活動。美國不得不終將擴大EC的目標列入GATT中的「多角貿易交涉」（MTN）中。另在「擴大EC」當年，在日本東京開始展開了「多角貿易交涉」。接著蘇聯的對EC政策亦促使其產生了變動。即蘇聯自一九七三年以後（第二十四次共產黨大會以後）改變其以往的敵對ＥＣ政策，在國際間也逐漸地公開承認ＥＣ的存在。最直接的背景是建立在東歐經濟互助委員會（COMECON）在一九六〇年代中葉對ＥＣ的貿易依賴度提高之緣故；蘇聯最後不得不公開承認其與東歐經濟互助委員會及ＥＣ各國經濟交流之事實，但基本上，由於ＥＣ的政治影響力顯著增大，蘇聯終究承認該事實與東西歐「力學」關係的變化⑾。

另ＥＣ的政治影響力超越了東西國際關係之事實促使了第三世界的開發中國家急速擴大的局面。Henri Etinne 在其最近幾年的論文中，曾正確地描述該事實，及至一九六〇年代即將結束時，ＥＣ「共同體」的重要性將擴大到令人難以忽視的程度，的確「共同體」已無法如以往一般，祇將其關心領域限定在世界的某些特定區域⑿。

實際上，ＥＣ業在第三世界開始擴大其政治影響力。一九七三年七月，並超越「雅溫德協定」各國（當初以非洲十七個國家開始，後因模里西斯的加入而成爲十八個國家）的規定，與位於非洲、加勒比海、太平洋上的二十七個開發中國家（ＡＣＰ各國）開始交涉締結聯合協定，並於一九七五年二月成功地完成交涉。俟ＡＣＰ各國的數目增加後，ＥＣ遂與其他四十六個ＡＣＰ各國締結了「洛美協定」（Lome Convention）⒀。七〇年代中葉以後，ＥＣ復與突尼西亞、阿爾及利亞、摩洛哥的馬格里布（Ma shreq＝北非的突尼斯、摩洛哥和阿爾及利亞三國總稱）各國以及埃及、敘利亞、約旦、黎巴嫩的Ma shreq 等國（一九七七年一月）進入聯合協定的關係，使ＥＣ與區域外的通商關係益加活絡。一九七三年一月，ＥＣ更與歐洲自由貿易聯合（ＥＦＴＡ）各國（以澳洲、葡萄牙、瑞士、瑞典爲首，隨後有冰島、挪威、芬蘭）締結自由貿易協定。至此，EC的區域外共同關稅（CET）已不適用於EFTA各國。此外，EC並於一九七八年四月，與「中國」樹立了準國家關係，並締結貿易協定。

一九七〇年代，EC「政策統合」的第二個前進化（positive）的例子雖與第一個例子有密切關係，但一九七四年十二月在巴黎舉行的EC高峰的「歐洲理事會」上，曾企圖強化各加盟國的「政治合作」的架構，並期使其制度化。有關該事實，在本章第二節的第四項曾已提及。例如：「歐洲理事會」（一九七五年十二月），決定了實施歐洲議會的直接普通選舉制。倘考慮到歐洲議會在EC的決策體系中並無立法權，則其對EC委員會的活動便可通過「不信任動議案」，且對於委員會委員的任命亦無法介入。甚至對EC內閣理事會由於無有效的控制權，且僅侷限於諮詢機構地位之事實，則歐洲議會採取直接普通選舉制的構想，對於EC的決策體系便可儘可能反映各加盟國國民的意見，並以超越國境的橫向標準，改變由各加盟國的政黨及利益集團主導的「超國家政治」。就其謀求活性化的意義來說，則具有重要的「政策統合」意義。當初該構想雖在一九七八年的春天實施，卻被延期至一九七九年的六月；同時亦決定了新議會的四一〇議席。（英國、法國、西德、義大利各佔八十一議席、荷蘭二十五議席、比利時二十四議席、丹麥十六議席、愛爾蘭十五議席、盧森堡六議席）。

一九七〇年代確實是歐洲共同體在國際政治〈外部化〉發揮政治影響力的時代。更明確地說，歐洲共同體，不管其區域內〈內部化〉（國際統合發展）的速度，及實際情況如何，是一個不斷地，向外發展的時代。可是當更仔細觀察歐洲共同體的〈內部化〉實際情形時，歐洲共同體的「政策統合」在此時期，實受到太多頻繁的否定例子介入。而該否定的力量，在「政策統合」的過程中，可說稍有進展時就有所決定，且集中在其前後期中，是一個顯在化的存在。擬針對此點，再試舉些例子以為論證。

首先第一個是，如一九七三年，是擴大歐洲共同體的發起年代。其間歐洲共同體的六個加盟國重新擴大為九個加盟國，就意義言，是項明顯的劃時代的偶發事件。亦即就重要的組織結構上的發展含義而言，是一個「政策統合」的明顯的前進例子。但就擴大歐洲共同體的成立歷史，尤其是回顧英國加盟歐洲共同體的歷史來看，所謂擴大歐洲共同體的開端，在在說明了在歐洲共同體中促使國際統合後退，主要的可能因素為何？原因在於英國基於在不傷害傳統議會主權的加盟歐洲共同體之舉。故在將近十年迂迴曲折的交涉歷史中，英國在於貫通其對自己國家議會主權的尊重⒂。因此，有關擴大歐洲共同體的開端，很難說未必將「超國家主義」的政治思想在區域內強化政治的契機中製造出來。如果說不怕有錯誤的話，則擴大歐洲共同體本身的成立，亦是歐洲共同體「政策統合」的一個反對案例。

第二個反對「政策統合」的案例，是一九七〇年的十月七日，由皮爾·維爾拿（Pierre Werner）首相為首的財政通貨委員會，定一九八〇年為完成年，發表了使用共同貨幣，俾達成經濟貨幣連合的達成，這項維爾拿計畫（正式是Interium Report on the Establishment by Stages of Economic and Monetary Union）在七〇年代歐洲共同體區域內⒃的國際政治中，並不易看到其進展及實現之情況。另「維爾拿計畫」的經濟貨幣連合構想，在一九七一年夏季的通貨危機中，業已遭受嚴重的損害。歐洲共同體各加盟國，在當年年底始有實施回復通貨秩序的宣言，且在一九七二年的四月，歐洲共同體所屬的六個國家（英國、丹麥、愛爾蘭雖尚未成爲正式的歐洲共同體加盟國，卻早已參加該體系），另因布雷頓（Bretton Woods）體制的崩潰，雖宣稱重新將匯率的變動幅度調至上限爲百分之二點二五，並進入所謂的（snack）蛇行，而英國的英鎊、愛爾蘭的英磅、法國的法郎，也無法守住右述的變動幅度上限，英鎊及愛爾蘭的英鎊在一九七二年的六月，以及法國在一九七三年的二月，亦不能從（snack）蛇行中脫離。貨幣的危機，雖的確是動搖蛇行體制（snack）的直接原因，而圍繞在通貨問題的歐洲共同體各加盟國，因無法促使經濟政策及政策理念一致，才是最根本的原因。換言之，因政策的共通化無法奏效影響了「政策統合」的進展，截至一九七九年三月的「歐洲理事會」（巴黎元首會議），終究不得不開放EMS（歐洲貨幣制度）。

第三個反對例子亦與第二個例子相同，係發生在一九七〇年代初期，從七〇年代進入八〇年代，基本上係以歐洲共同體的「政策統合」問題爲導火線。即是能源政策的問題。

衆所周知，在一九七三年的十月爆發了以色列（Israel）和埃及（Egypt）之間的第四次中東戰爭（別名爲贖罪日（Yom Kipper）戰爭），在該次戰爭阿拉伯各國開始對荷蘭施以原油禁運，包括歐洲共同體各國及其他先進工業國家，均施以實質的原油供給削減。不僅如此，石油輸出國家組織（O

PEC），並將原油價格調高了四倍。致使戰後持續確保的「安全和廉價」的原油時代結束，很多工業先進國家，頓時陷於脆弱的立場。如果用Joseph. S. Nye 的話表現的話，所謂的「自由貿易主義」，受到戰後黯然的「國際體制石油」的破壞[17]。另「國際石油體制」的崩潰，到底如何引人注目？該等歷史性的革命過程，當時的季辛吉曾就尼克森政府在戰略上應對遲緩的笨拙面，在季辛吉的回憶錄（『激動的時代』一九八二年）中，有很精闢的分析[18]。

另就確保原油問題方面，歐洲共同體國家並非沒有強烈感覺到渠等突然陷入脆弱的劣勢中。歐洲共同體國家由中東的阿拉伯各國輸入了很多原油，約占總能源需要的百分之六十三。在一九七三年，倘計算歐洲共同體各國原油的輸入量時，其中以沙烏地阿拉伯最多，其次是伊朗、利比亞、科威特、奈及利亞、伊拉克、阿爾及利亞及卡達。此外，沙烏地阿拉伯約占百分之二十三點五、伊朗占百分之十三點八、利比亞占了百分之十三點六、科威特占了百分之十一點一之輸入比率[19]。

僅就右述的原油輸入結構言，歐洲共同體國家便已遭受到很大的損失。針對該等緊急情況，歐洲共同體委員會雖曾嘗試發動「共通能源政策」，卻未見其成功。的確，歐洲共同體各國在一九七三年的十一月，曾針對中東的紛爭情勢，企圖找尋和平解決，發表了共同聲明。在這之後（十二月十四日及十五日）的哥本哈根元首會議中，歐洲共同體國家就如何處理該等上漲的原油價格，卻無法提出共同的因應策略。總而言之，以石油問題圍繞在能源政策中打轉，歐洲共同體「政策統合」的前進的策略終告失敗。

其次，復列舉二個簡例，如以反對歐洲共同體「政策統合」的案例。其一從「廷德曼斯報告」(Tindemans)發表以來，並無所謂的成功案例。在一九七五年的十二月二十九日，比利時的Leo Tindemans首相在歐洲共同體的閣僚理事會中，曾提出有關「歐洲連合」的報告書。該報告書，期強化歐洲議會的權限，包括經濟貨幣連合，強化歐洲共同體及共通的對外政策，擬在該「歐洲連合」中，逐漸改變共同體各加盟國的關係(20)。該項構想倘可以實現的話，則歐洲共同體的「政策統合」應可快速進展。「廷德曼德報告」在「歐洲理事會」中曾不斷地被提出來討論，迄未見其具體的成果。在歐洲共同體區域內的國際關係中，終將不得不強化各國利益的回歸。

其二，可由一九七九年五月的西臘和歐洲共同體簽下的加盟條約中，期更進一步擴大歐洲共同體會員資格的情形知悉（希臘的加盟在一九八一年一月一日生效）。和其他歐洲共同體加盟國比較，希臘的經濟水準仍嫌略低（例如，一九七八年的國民所得倘和其他歐洲共同體加盟國的平均七點二〇一美元相比，希臘的國民所得仍不到一半，僅是三點二五〇美元而已(21)，希臘的加盟似可增加歐洲共同體的力量。諷刺的是，由於希臘的加盟歐洲共同體尤須面對編織區域內「南北問題」（經濟力、社會文化體制的非對稱性結構）的差距。故擴大「超國家主義」的政治思想，在歐洲共同體中愈有不易被灌輸進去之虞，其結果則招致歐洲共同體「政策統合」的鈍化現象。由此看來，一九七〇年代以後歐洲共同體的統合軌跡，可說是一方面有潛在性的政治肥大化（＝〈外部化〉的進展）傾向；另一方面則須考驗「政策統合」的遲緩（＝〈內部化〉的挫折）現象，可說是強化了其中矛盾的傾向。以上乃

「雙重性」假設說的驗證。

(1) Joseph S. Nye, Comparative Regional Integration ：Concept and Measurement, International Organization, Vol. 22, No. 4, Autumn 1968, pp. 855－880.

(2) European Integration ：A Chronology, op. cit.

(3) 在羅馬條約簽字之前，一九五五年六月一日至二日召開原來的六國外相會議，會中決議應愼重處理ＥＤＣ流產事件以及認爲歐洲統合應由霍福曼所提倡之「低次元政治」領域之經濟部門開始著手。

(4) 令人感興趣的是羅馬條約未提到通貨政策領域，另將外交政策視爲各加盟之「大權」。

(5) 霍福曼之「高次元政治」及「低次元政治」之分析概念請參閱第一章「有關國際統合諸學說之檢討」。

(6) 當時的戴高樂政府認爲倘堅決反對英國的加盟申請，則必能促使各ＥＣ加盟採取孤立的政策。實際上，同在一九六三年一月，法國和西德並簽訂了友好合作條約。

(7) 「雅溫德協定」各國包括了迦納等十七國，後又增加茅利塔尼亞一國。

(8) Sturart A. Scheingold, 『De Gaulle vs. Hallsteink ：Europe Picks Up thePieces,』 The American Scholar, Vol. 35, No. 5, Summer 1966, pp. 474－488.

(9) 曼斯霍爾特計畫指出，ＥＣ農業部門之近代化倘僅依據價格政策或市場政策將不易進展。ＥＣ委員研究了歐洲農業的現狀，並強調有必要在實質上進行結構改革之必要性。詳見European Integration ：A Chronology, op. cit.

(10) 有關EC潛在的力源增大及其在國際政治的意義請參閱第五章第四節第二項。

(11) 有關此論點請參閱Werner J. Feld, The European Community in World Affairs : Economic Power and Political Influence, Alfred Publishing Co., Inc., 1976, esp. pp.214－215.

(12) Henri Etinne,『Community Integration : The External Environment,』Journalof Common Market Studies, Vol. 18, Nol. 4, June 1980.

(13) 「洛梅協定」係規定ACP各國之間的通商合作關係。例如EC各國根據該定可讓ACP各國物品自由進出EC市場，另賦予其中三十六項產品輸出所得安定化之保障（STABEX）。詳見Bulletion of European Communities, No. 1, 1975, pp.6－9. 及大隈宏「非對稱性的相互滲透關係－考察－EC共同農業政策對ACP農產品」『國際政治』第六十七號（日本國政治學會編）一九八一年。

(14) 請參照第四章有關歐洲議會之論述。另直接普通選舉之結果，EC九國中Socialists占二七．三%、European People's Party占二六．三%、European Democratic Group占一五．六%Communists占一〇．七%Liberal Democratic Group占九．五%European Progressive Democrats占五．三%等投票比率。

(15) 有關此領域詳見Werner J. Feld, The European Communtiy in World Affairs, op.cit. ; Roy Pryce, The Politics of the European Community, Butterworth & Col., Ltd., London, 1973.

(16) Werner Report, Supplement to Bulletin of the European Communities, 7－1970.

(17) Joseph S. Nye, Energy and Securit, Energy and Security, David A. Deese and Joseph S. Nye (eds.), Ballinger

Publishing Company, Cambridge, Massachusetts, 1981, esp. pp.1－3.

(18) Henry Kissinger, Years of Upheaval, Little, Brown & Company, Ltd., 1982, Chap. XIX, esp. pp.854－883.

(19) U.N. Yearbook of International Trade Statistics, 1975.

(20) 同註(15)

(21) 一九八〇、一〇二－一〇三頁。

四、統合的門檻

(一)歐洲共同體統合不論是從決策體系的觀點，抑或從「政策統合」的觀點來看，尤其自一九七〇年代以來，可以確定統合已有很明顯的鈍化傾向。根據以上的論證，可說已有相當程度的瞭解。其中發現，最饒富趣味的事是，即在本章第三節的最後所曾指出的，歐洲共同體的統合軌跡，業已在外部化和內部化之間產生了一種龜裂，並增強了矛盾的性格。針對該等雙重性的統合現象，究竟應如何予以理論化？在本章的開頭中，曾引用了凱林頓卿對歐洲共同體現狀的命題，事實上就國際統合理論的意義來說，亦可說是涉及核心的命題也無妨。

所謂的雙重性問題亦可說和統合的門檻問題有關。在此擬最後再將此一問題加以討論。

歐洲共同體（內部化）統合的遲緩和區域外（外部化）的發展，在理論上爲不產生矛盾，其中之一個方法即是嘗試國際統合的「最終狀況」。亦即統合的門檻——亦可說是如賽跑用的欄架（hurdle）。在重新予以詮釋時，歐洲共同體的國際統合並非是一九七〇年來，即在曲折中產生了鈍化，寧可說是從某一個時期，開始停留在一定的水準。此等的統合門檻論，印證了歐洲共同體的統合政治，在開始成立時，亦即二十五年前，便以杜意奇爲代表，與交流主義理論家探討至今。杜意奇，並不是以「超國家性」的國際統合，也未必和「超國家主義」有直接關連，而是以超越國家主權的統合形態（＝「合成型安全保障共同體」），以及又沒有超越國家主權的統合情況中，所達成的一種思考形態（＝「多元型安全保障共同體」）爲區分。倘在沒有超越國家主權的統合中，要達到其門檻，則係完全不考慮國家間的戰爭，以及可能發生戰爭的情況下，「非戰共同體」。交流主義的理論家，對於「非戰共同體」的認識係包括了各國國民社會階層的溝通，或依各種交流量及範圍的擴大，所產生的任何可能(1)。

的確，倘依據溝通或國民社會之間交流量的增大，則「非戰共同體」是否能夠成立，實是一個很大的疑問，在此並不擬討論(2)，只是在統合的門檻中，希能符合討論的焦點。倘以杜意奇的交流主義理論言，則歐洲共同體的第一個類型，並非是「安全保障共同體」，而是第二類型的「安全保障共同體」。但杜意奇認爲，歐洲共同體區域內的各國關係，在簽訂羅馬條約的時候，便已達到第二類型的「多元型安全保障共同體」的門檻，更有趣的是，在歐洲共同體開始實施後（一九五八年），則一直都停留在第二類型的水平中，對於第一類型的「合成型安全保障共同體」，則預測其今後絕對難以進展(3)，確實，倘追溯至一九八二年來看，杜意奇的統合門檻論和有關歐洲共同體的預測，均令人感到具有相當的說服力。事實上，歐洲共同體在一九七〇年代以後，刻正增強其〈內部化〉的遲延以及產生統合後的鈍化現象。因此杜意奇的預測，可說是命中核心範圍。然而，我們對於歐洲共同體的統合，爲了不拘泥在〈雙重性〉假設說及「超國家屬性」中，擬僅就歐洲共同體的第二類型，並以「安全保障共同體」爲著眼點試予驗證。

對於前述之問題，擬作否定的回答，其理由可說是原因有二：第一，如杜意奇，將統合的「最終狀況」以「非戰共同體」爲訴求，並在該過程中同時插入「超國家性」和「非超國家性」不同本質的國際政治力學屬性，則令人不得不持相反的論調。應該說是，將統合門檻的最終狀況，要求定位在「非戰共同體」的成立的話，則就理論而言，是在超越國家主權，另在「合成型安全保障共同體」的情形下，將以一種必然的歸結，期在一定的政治共同體中成立「非戰共同體」。其中，在該組織下所產生的武力衝突，並不能稱是戰爭，而應該是暴動、內亂，或者說是內戰。因此，在杜意奇的交流主義理論中，最重要的論點是，實在沒有必要超越國家主權的「多元型安全保障共同體」。又如何才有可能成立「非戰共同體」？何以從歐洲共同體成立之初，便可看到成立「非戰共同體」的可能性？事實上，由原來的六個歐洲共同體國家，所曾宣示的「非戰共同體」宣言中，倘僅就歐洲煤鋼鐵共同體（一九五二年）的誕生，便能實現否？假定「非戰共同體」，係將相同性質的政治文化、政治社會經濟體制等，當做必要之條件來進行的話，則從一九七三年以來係擴大產生的歐洲共同體，也刻不正增進其政治文化，或政治社會經濟體制之異質性否？

總而言之，在杜意奇的交流主義理論中，並未將統合「最終狀況」的「非戰共同體」及其過程條件中，所謂的國家主權的存續及廢棄問題等理論整合妥善處理。

㈡第二個原因：截至目前為止，尚未將歐洲共同體統合的雙重性行動軌跡明白說明，為將其予以理論化，而寧可如杜意奇一般，不以減低統合的門檻，及在理念型式的超國家政治共同體中訴求，而就歐洲共同體統合的實際情形，加以分析其間的緊張關係。在國際統合的「最終狀況」中，係以理念型的超國家政治共同體，進而至歐洲共同體區域內的國際關係，逐漸增加其緊張度。從一九六〇年代中葉的「馬拉松政治危機」、一九七〇年代初期的「維爾拿計畫」挫折，以及七〇年代中葉的「廷德曼斯」（Tindemans）報告的束諸高閣，在各式各樣提升統合水準的構想下，均可窺該等緊張關係的漩渦。更直截了當地說，在超國家的政治共同體中，訴求國際統合的理念型作法，就分析歐洲共同體統合的實際行動言下，盼可做更廣泛彈性的分析。

不僅如此，在不訴求僅是依統合門檻的前提下，成立所謂的「非戰共同體」（依杜意奇的說法，是以「多元型安全保障共同體」為例子，如對美國、加拿大的統合）則國際統合是如何在現代國際政治及軍事同盟，或集團安全保障體制的現象下，形成了新的「民族國家體系」力學的，理論上或嫌精密，然實際上則十分明朗化。原因在於杜意奇的交流主義理論中，國際統合和「民族國家體系」並沒有作很嚴密的銜接之故。

從以上的理由，並非是下定決心將統合的門檻問題，降低爭辯。但也不是說交流主義的理論一無優點，而是直接以「超國家主義」爲其政治思想，哈斯的新功能主義理論較爲正確，且具有說服力。倘無歐洲共同統合的〈雙重性〉（ambivalence）假設說，則新功能主義理論恐無法將該鈍化現象的實際情形，一一作充分說明。原因爲何？關於此點，有再予深論的必要性。新功能主義理論的架構，無論如何，是「功能性自動性地溢出（spill－over）」假設說。該說明在第一章或第三章中，即曾再三反覆嘗試過，在此擬針對爭辯的焦點做一說明。

右述的假設說，有兩個理論前提。其一是，在國際統合中，係以經濟連合和政治連合二個連續體現象爲前提。其中之一是，經濟的統合領域從一開始時，即逐漸地在該功能上泛「政治化」，結果變成不得不改以政治領域所謂的「超國家性」指向爲前提。事實上，該「功能性自動性溢出」假設說，只是歐洲共同體統合歷史中的一部分而已。正如「政策統合」有關積極的、消極的平衡狀況所做的最佳證明一樣，該項「自動性假設說」的第一個時期，亦即一九五〇年代初期，在歐洲共同體的草創階段中，可看到其中不乏理論上的妥善性。可是在該時期，以後也的確曾發生「政治化」的統合爭辯（如「馬拉松政治危機」即是最好的例子），如哈斯等新功能主義者所預測一般，並非將提高歐洲共同體「超國家性」的方向直接導入，而是比較和「超國家主義」的政治思想，及其與國家利益力學嚴重相剋之情形！有關新功能主義理論，擬在下一章做更詳細的論述，事實上，早在一九六〇年代末葉，該理論就已經被迫做一根本的理論修正。另在一九七〇年代，在哈斯所發表的論文中，便以所謂「前理論化的喜悅和苦惱」為副題加以暗示，業已著手嘗試修正新功能主義理論(4)。

早在Edwin H. Fedder和Frederic S. Person於一九七二年共同寫作的論文中，便曾嚴正地批評統合理論，並將統合理論中四個不明確的論點加以論述，其中特別只在①在相互作用和統合（interaction vs. integration）之間的曖昧關係中予以區分（即是交流主義理論的錯誤），②另在統合現象中，指出所謂的政治、經濟、社會、軍事之間實無法充分地將其間的關係理論化（即是新功能主義理論的錯誤）(5)，為便於說明及分析歐洲共同體統合的雙重性行動軌跡及其鈍化現象，尤須將本身的統合門檻，加諸於各爭論中，尤對於菲達拔阿松的批評論點，亦有必要完全予以吸收。至筆者在分析菲達拔阿松錯誤的統合理論時，近年來曾嘗試在統合理論中導入「相互依存」理論(6)。蓋在「相互依存」理論中，①之現象，可在國家社會間（不限定於政府之間的相互作用）的水準中觀察出來。②之現象，則依國家社會間所提高的相互作用度，引起該二個理論的前提。所謂相互作用的密度提高，意味著商品、原料（物）、財（錢）、人世間、思想、情報，以及技術等等交流的增大化傾向。倘由歐洲共同體區域內的國際關係，及各式各樣相互作用的增大化來看，正足以充分提供「相互依存」的理論前提。即使以均分歐洲共同體區域內，其中之一的貿易比率指標為著眼點，則該比率在一九五八年羅馬條約生效的百分之三十四點三，至一九七三年擴大歐洲共同體開始時，則比率約增大為百分之五十二點七（但該比率在進入一九八〇年代以後，並未顯示超出以上的比率）。

重要的是，如此提高相互作用的密度乙節，概是突顯暗示的政治內容。相反地，如果能夠將該「相互依存」，以「國家社會間相互作用的量的特質（增大訊息或提高貿易依存度），重新在質的特質（國家間對外行動規則的創造，或是政治的結構變革）中，轉化發展成一種「政治力學的過程」下定義的話，則在分析歐洲共同體統合的行動軌跡時，該項「相互依存」的思考法，可明確地加以適用。則如何提高相互作用的密度（例如提高區域內貿易依存度），俾達到何種水準時，端賴其是否促使其將量轉換成質的方向（例如，共通農業政策架構的創設）。故統合理論由量轉換成質的理論，現今則變成是更重要的存在。無論各加盟國之間如何地提高相互作用（例如，提高「歐洲理事會」或元首會議的次數頻率）、安全保障，以及以外交爲中心前提，所謂共通對外政策制度化有關質的轉換問題，如果不能夠在歐洲共同體區域內的國際關係中產生的話，則所謂「超國家主義」政治思想的界限領域，在現代國際政治中，仍有待予以理論化。

(1) Karl W. Deutsch et al., Political Community and the North Atlantic Area, Princeton University Press, New Jersy, 1957.

(2) 有關此論點Fedwin H. Fedder and Frederic S. Peason,『Four Ambiguities of International Integration,』Political Science Annual, 1972, pp. 281－335.

(3) Karl W. Deutsch,『Integration and Arms Control in the European Environment,』American Political Science Review, Vol. LX, No. 2, June 1966, pp. 354－365.

(4) Ernst B. aas,『The Study of Regional Integration：Reflections on the Joy and Anguish of Pretheorizing,』International Organization, Vol. 24, No. 4, Autumn 1970, pp.607－646.

(5) Fedder and Peason, op. cit.

(6) 請參閱拙稿「相互依存的政治學」(鴨・山本編『相互依存的國際政治學』「第二版」) 有信堂、一九八二) 頁五三一六〇。

第七章　國際統合研究的現況和課題

一、統合理論的現況——失速和修正

㈠誠如前述，國際統合理論是在一九五〇年代以美國的國際政治學者爲中心所產生的理論，尤其自一九五〇年代開始即可明顯看出西歐各國的統合嘗試，此即爲國際統合有力的實例。而後，在一九六〇年代則大致可以看出是相當順利的發展。但在一九七〇年代以後就很快的發生了失速的狀況(1)。何以會發生如此情況？統合理論是否已經陷於破產階段？或者僅稍作理論修正，則還有發展的可能性？擬在此最後一章重新加以討論，並邊整理截至目前爲止國際統合研究重要的各項論點，邊展望統合理論研究的將來。

㈡試舉統合理論失速狀況的案例而言，倘以下列二次的統合理論及其相關實例作一比較即可明白。如此較一九七〇年的International Organization（Vol. 24, No. 4）的統合理論特刊，和分析對象只限於歐洲共同體的一九八二年的Journal of Common Market Studies（Vol. 21, Nos. 1 & 2）特刊二者之內容比較。

在前者的特刊，首先新功能主義學派的先驅哈斯（Ernst B. Haas）認爲，第一，渠雖也坦率地承認倘將統合現象理論化實有其困難，然對於統合理論乃是以國家間政治統一現象內一種「非強制性」（non－coerciveness）的契機作爲最好的出發點乙節有很好的評價。第二，至少應將國際統合的「最終狀況」作爲一種理念，並導入「區域國家」（regional state）「區域公社」（regional commune），及「非對稱的區域複合體」（asymmetrical regional overlap）等三個分析概念，俾利將統合現象作一國際比較。故渠似乎找到了理論的生機(2)。和哈斯同屬新功能主義學派的林伯格（Leon N. Lindberg）也同時在該特刊中就國際統合各國之間的集團意思，及決策方式等發展從側面賦予特色，嘗試解開該多次元性的實體。最後，在該特刊中，當時仍是新功能主義學派的有力學者奈因（Joseph S. Nye）不主張將該統合理論的架構只限定於歐洲，而是採納嶄新的比較政治觀點來看統合理論研究，並對該理論有更活潑性的發展寄以深切的期待。渠等統合理論家的分析，雖一方面嘗試修正部分理論的修正，另一方面則對該理論研究的發展更傾注熱情和希望(3)。

至後者的特刊，與其說是對統合理論作基本上的修正，不如說是僅止於強調該理論與部分的事實不符。早在一九六六年的Daedalus 雜誌上霍福曼（Stanley Hoffmann）曾尖銳地對統合理論嚴厲的批判(4)。霍福曼的分析，可很明顯地認識業已陷入僵局的歐洲共同體。根據霍福曼的說法，「傳統的統合理論是假定在歐洲共同體各加盟國有參與超越舊國家及創造超國家政治實體之前提，」然而「該項理論在當初或許有其可能性，但目前已逐漸缺乏該現實性」最後則指出「統合理論是假設在一方是民族國家與另一方是歐洲共同體之間的零和遊戲之存在前提，但該看法犯了很嚴重的錯誤」。然以霍福曼的觀察，倘比較一九五〇年代和今日的情況則「歐洲共同體已經沒有共同的目標（common goals），有的僅是共同的關心（common concerns）[5]」。另在同一特刊中，英國的歐洲共同體研究者威廉・華勒斯（William Wallace）也發表了他個人的重要分析。華勒斯（William Wallace）認為第一，先要區別歐洲統合和統合理論本身的評價，即使是歐洲統合尚未崩壞，統合理論也有挫折和崩壞的危險性存在。第二，令人相當感興趣的是，造成統合理論挫折的有力原因之一，則是多元化的民主主義政治體系對於問題的解決能力往往是不信任「美國式的樂觀主義」（American optimism）[6]。且華勒斯（William Wallace）針對歐洲統合亦即是歐洲共同體的統合現狀，支持了約翰・蘋德（John Pinder）的論點，並下了以下的結論「共同體並非是超國家的也不是國際性的，而是在國家結構之外的一個（extranational），至其地位則不在民族國家之上或下，僅是沿著横向發展所產生的結構[7]。」

統合研究者或統合研究以外的學者雖嚴厲地批判統合理論導致該理論的失速狀況，但更正確地說，其中尤以新功能主義所受到的傷害最大。尤其新功能主義的理論中心假設，亦即「功能性的外溢自動性」假設，並沒有正確提供足夠的證明[8]。哈斯在日本國際政治學會『國際政治』（七六號）最近的論文中說，「區域統合對參加者而言，是乙項長期的學習過程，最後導致民族國家從根本開始改變，然是一個國家連合否？或者一個巨型的民族國家？或者是其實未變，但被想像爲是一個完全不同種類的政治統一體」。作爲一位統合理論學家也發表了重要的發言。旋即又稱，「然而，到了一九七〇年代初期，我們放棄了該等研究方法。倘歐洲共同體依照該項假設繼續發展到某一程度的話，則其他的區域統合體恐將停步不前抑或解體結束？」⑼。如哈斯對統合理論提出自我批判亦是以「功能性的外溢自動性」假設爲主要架構。蓋新功能主義實無法運作在實際的國際政治圈內。

就新功能主義學派的統合理論家言，哈斯（Ernst B. Haas）的堅持概可當成是一個例外。至其他多數的學者，則明顯地自一九七〇年代以後或有轉移對統合理論的關心或改研究其他的研究領域。針對此點，本章擬重新加以強調。就轉移研究關心言，奈因的研究軌跡可屬於該類型。倘從奈因和羅伯特·柯翰（Robert O. Keohane）共著的『跨國的關係和國際政治』（Transnational Relations and World Politics）（七二年）中似乎可以看出，奈因自一九七〇年代以後，並非沒有嘗試對新功能主義理論施予精緻化或者是修正化，而是轉移了研究關心，改以混合國家、超國家的國際政治動態爲研究主題。之後，復與柯翰共同研究，以『權力與相互依存』（Power and Interdependence）的研究成果，發展出國際政治上「相互依存」狀況的理論建構及與此有關之實例研究。惟奈因的研究方向業已說不上是正統的統合理論研究了⑽。而先前曾提及霍福曼曾就奈因和柯翰「相互依存」研究中全新理論架構的「國際體制」（international regime）之形成方式指出，此爲最佳的研究發現，有助於研究該已僵化的歐洲共同體國際統合的動態分析⑾。

在日本的國際政治學界亦若是，右述的事實在近年來的確受到指摘。例如，如山影進在其論文「區域統合論和東南亞各國聯合的特徵以及理論的再認識」中曾指出「進入七〇年代後，區域統合論者本身對地域統合論的一般性及妥當性均持有強烈的疑問」。再者，其他的理由，同時也是最具決定力的理由則是「多數的區域統合論者顯然已失去其對區域統合論應有的關心⑿」是項批評是正確的。惟統合理論中，尤其新功能主義學派的學者已明顯地轉移研究關心這件事是不能不加以說明的。事實上，在統合理論的領域中，如德奕修（Karl W. Deutsch）等採用交流主義理論的學者，則由於歐洲共同體（EC）統合的停滯不前，以及在其他國際區域統合現象的失靈等事實，渠等理論並未因此有趨向保守的傾向，另實際上，也並未大幅度地修正理論。如在第三章業已詳細探討過七二年的Journal of Common Market Studies（Vol. 10, No. 3）論文中有關交流主義理論的架構，暫時不提國家利益的動態觀點，重新倡導由於「和諧體系」的形成，其如何抑制和管理國家間的紛爭狀況。持該新理論的交流主義學派學者普查拉（Donald J. Puchala）在其一九八一年的論文中曾分析⒀德奕修的統合理論和哈斯理論相異其趣。

普查拉所指出的理由是，交流主義學派的統合理論和新功能主義學派相類似，國際統合動態最重要的起因關 未必是因超國家主義或超國家性的政治過程二者沒有直接結合而引起的⒁。而德奕修的統合理論則一再重複地指出，國家間的統合可分爲兩大類型。第一類是，超越國家主權情況的「合成型安全保障共同體」；第二類是，並未超越國家主權但可達到統合目的的「多元型安全保障共同體」，一如新功能主義理論的假設說一般，統合在學習的過程中並非必然會改變「民族國家體系」。另德奕修的統合理論和新功能主義理論不同，對於「民族國家體系」而言，並不是直接的變革理論。與其完全不考慮國家間戰爭的準備或者是戰爭的可能性等之情況，還不如將關心放在「非戰共同體」的產生過程上。屆時，「非戰共同體」對參加統合各國各式各樣的國民社會階層假定，將可能增加辦理交易或交流（貿易或通信等各類之人的、物的交流）的量和其範圍。甚且右列的「非戰共同體」倘在一定的國民社會階層間成立時，也可達到該二類型的「安全保障共同體(15)」。

一如前章所曾提及的，德奕修在渠六〇年代「統合與在歐洲的軍備管理」（六六年）的論文中曾指出，EC仍停留在第二類型的國際統合「多元安全保障共同體」的階段，同時也預測將來將不會發展到第一類型的超國家主權的「合成型安全保障共同體」的階段(16)。德奕修之預測，倘印證一九八〇年代EC的統合現象時，則頗具有妥當性。另諸如普查拉的主張，德奕修的統合理論，一方面或許可以說截至一九八〇年代的今日仍然有效。但「非戰共同體」或者是「安全保障共同體」政治經濟的實際的狀況，甚至是更廣泛的文化方面的實際狀況，則一定具有多種多樣的變化。即使僅限於EC來看，「多元型安全保障共同體」的實際狀況其實展現了自一九五〇年代開始度過了四個半世紀歷史經歷各式各樣的改變之後所呈現的外貌。倘如此，則德奕修的統合理論何以沒有諸如類似EC的統合及受到新功能主義理論啓發般的進展。換言之，就所謂統合的前進或者式微此般錯綜複雜的EC國際關係的動態所發生的理由來說，大概不能說是已十分明白的解答。英國的統合研究者泰勒（Paul

Taylor）在近年的論文中指出，由於ＥＣ在一九七〇年代以後，尤以「政府間主義」（intergovernmentalism）的動態爲其特色，結果可以看出，「政府間主義」所謂的廢除國家主權的抵抗力，也在這十年來一種強弱變化的論證。根據泰勒的說法，「政府間主義」僅止於統合現象的式微，與此無關。故在ＥＣ的國際關係架構中，各國以經濟爲主的各種「相互依存」現象反而增加。ＥＣ的統合，在今後的政治方向中仍將變得模糊不清⒄。何以統合理論會發生如此失速狀況或者是崩潰？統合理論的形成之初曾提出只以「功能性的外溢自動性」假設或「安全保障共同體」爲其觀點，則不易據以判斷該理論變更的原因。另現實的統合現象倘對照具體的歷史發展則十分值得研究。

(1) 關於統合理論的失速狀況認識，例如Ernst B. Haas, The Obsolescence of Regional Integration Theory, Berkely, University of California, Institute of International Studies, 1975. ; Haas, 「Turbulent fields and the theory of regional integration,」 International Organization, Vol. 30, No. 2, Spring 1976, pp. 173－212.

(2) Haas, 「The Study of Regional Integration : Reflections on the Joy and Anguish of Pretheorizing,」 op. cit., esp. pp. 630－636.

(3) Leon N. Lindberg, 「Political Integration as a Multidimentional Phenomenon Requriing Multivariate Measurement,」 International Organization, Vol. 24, No. 4, Autumn 1970, pp. 649－731. ; Joseph S. Nye, 「Comparing Common Markets : A Revised Neo－Functionalist Model,」 ibid., pp. 796－835.

(4) Stanley Hoffmann, 「Reflection on the Nation－State in Western European Today,」 Journal of Common Market

Studies, Vol. 21, No. 1 and 2, September/December 1982, pp. 21－37.

(5) Ibid., pp. 32－33.

(6) William Wallace,『Europe as a Confederation ：the Community and The Nation－State,』Journal of Common Market Studies, op. cit., pp. 57－68.「美國式的樂觀主義」，不僅限於統合理論，亦對系統理論或者是行為科學均加以巡禮一番，美國的研究者終將不得不重視歷史證據的重要性以及「事實」的多樣化性。而英國的國際政治經濟學者蘇珊則仍對該等欠缺相關感受性的傾向予以嚴厲的批判。Susan Strange,『Cave－・ hic dragons ：a critique of regime analysis,』International Organization, Vol. 36, No. 2, Spring 1982, pp.479－496, esp. pp. 480－484.

(7) Wallace, op. cit., pp. 65－66. ；John Pinder,『Integrating divergent economies ：the Extranational Model,』Michael Hodges and William Walllace（eds.）, Economic Divergence in the European Community Allen and Unwin, London, 1981.

(8) 關於此點的批判最多。請參考第三章。

(9) 哈斯「進步是例子否—國際組織研究的足跡」（蠟山道雄譯）『國際政治』七六號，一九八四年，一七頁。

(10) Joseph S. Nye and Robert O. K eohane（eds.）, Transtional Relations and World Politics, Cambridge, Mass., Harvard University Press, 1972. ；Robert O. Keohane and Joseph S. Nye, Power and Interdependence ：World Politics in Transition, Little, Brown and Company, Boston, Toronto, 1977. 奈因現已不屬於新功能主義學派傳統

的理論研究者這件事是個事實，非常值得注目。奈因在進入一九八〇年代後，似可以看出渠將「相互依存」的研究觀點應用在更廣泛的政治經濟學(political economy）的理論架構下。然而奈因在近年，雖然加強核子戰略的問題領域，亦發表了有關美國霸權衰退分析的幾篇論文。Nye,『U. S. Power and Reagan Policy,』Orbis, Vol. 26, No. 1, Spring 1982, pp.391－402. 另在，有關核子戰略方面的新聞論說則有以下的發表。William G. Hylana and Joseph S. Nye,『Strategic Peril,』The New York Times, August 12, 1982 普查拉分析，奈因的「跨國的關係」研究以及「相互依存」研究，即是要完成統合研究的先驅任務。亦即奈因在一九六〇年代研究統合之後，渠本身具有多項研究的重要意義，是項事實不容否定。Donald J. Puchalam『Integration Theory and the Study of International Relations,』Richard L. Merritt and Bruce M. Russett（eds.）From National Development to Global Community, 1981, pp.145－164.

(11) Hoffmann,『Reflections on the Nation－State in Western European Today,』op. cit., pp. 33－34.

(12) 山影進「區域統合論和東南亞聯合的特徵以及理論的再認識」『國際問題』第二七五號、一九八三年、二一一五頁。

(13) Puchala,『Integration Theory and the Study of International Relations,』op. cit., pp. 160－161.

(14) Ibid., pp. 150－161.

(15) Karl S. Deutsch et al., Political Community and the North Atlantic Area, Princeton University Press, New Jersy, 1957, p. 33 f.; Deutsch, The Analysis of International Relations（2nd edition）, Prentice－Hall, New Jersy,

Chap. 18.

(16) Deutssh,『Integration and Arms Control in the European Political Environment,』American Political Science Review, Vol. 60, No. 2, June 1966, pp. 354－365.

(17) Paul Taylor,『Intergovernmentalism in the European Communities in the 1970s : patterns and perspective,』International Organization, Vol. 36, No. 4, Autumn 1982, pp. 741－766, esp. p. 766.

二、統合的現實——外部化和內部化

㈠統合理論，尤其是新功能主義學派的統合理論在一九七〇年代以後，其修正化或者是界限化及崩潰化的最大理由是，歐洲統合現象的統合理論已成爲現實世界典型，亦即ＥＣ（歐洲共同體）統合現象在此時期已呈現出僵局。該等陷入僵局的現象，倘再自成風格的話，則如前章中曾強調過的一樣，ＥＣ有關其〈內部化〉和〈外部化〉之間的對抗關係，在瞬息萬變中所產生的不調和，卻相互之間既是矛盾又可愛的關係可稱之爲〈情緒矛盾〉的現象(1)。ＥＣ在後者〈外部化〉方面，換句話說，即是ＥＣ領域外的國際關係，舉凡政治的或經濟的影響力方面，雖然可說其在一九七〇年以後越強化該力量，但在〈內部化〉方面，即統合的進展方面，則出現許多的挫折。換言之，〈內部化〉雖停滯不前，卻有促使〈外部化〉的發展傾向。是項事實擬在以下分析。

關於〈外部化〉的證據方面，至少可提出如以下六點。第一，除EC本身外，倘加上英國、愛爾蘭、丹麥等國則可擴大組成國，甚至希臘於一九八〇年加入，著有參加國數量不斷增大的傾向。第二，就對東歐和蘇聯的國際關係言，由於蘇聯的公開承認EC，另有EC的領域外共通關稅（CET）或共通農業政策（CAP）的樹立，以及共通漁業政策（CFP）的實現等等都成了催化劑，經濟貿易的交流增大，有助於在外交面中緩和對蘇聯和東歐各國的關係。第三，在和第三世界關係方面，始於一九六〇年代的「雅溫德協定」（Yaoundé Convention）體制，及一九七五年第一次的「洛美協定」，七九年第二次的「洛美協定」，EC和非洲·加勒比海·太平洋的ACP的各國間，因有特別非互惠貿易協定的締結，可展開「契約的共同經營」（a contractual partnership）的網路。第四，不僅止於和第三世界間的經濟政治交流，對於國際政治各式各樣的紛爭或緊張情勢，EC各國，例如對於拉丁美洲的人權侵害行爲，曾產生了「共同決議」提出抗議（七七年）；另對於以色列和阿拉伯各國間的緊張緩和，則採取外交的「共同步調」（八〇年），對於蘇聯對阿富汗的軍事侵略行動，則發表了譴責和要求蘇聯撤退的「共同宣言」（八〇年）等。第五，在聯合國的國際組織方面，尤以聯合國總會的投票行動，EC各國有將近百分之九十的政治參與。最後第六，EC各國透過西方先進國家高峰會議（summit），事先疏通「歐洲理事會」，針對美國、日本等各工業先進國家的經濟和外交戰略問題，曾共同嘗試發表增強發言力量的政策。諸如EC擴大其政治、經濟的影響力之舉，（Carol‐and Kenneth J. Twitchett）指出，EC在對外關係方面，係以「政治合作」（political cooperation）的組織化爲其特色⑵。

事實上，統合理論的失速化，與其說是由於EC〈外部化〉的結果所引起，不如說是EC本身因受到挫折或衰退而有所影響。那麼，所謂〈內部化〉的挫折和衰退具體來說，到底所指爲何？又何以會發生如此情事？

就其〈內部化〉言，EC的統合業已走到死胡同。近年來，英國對於EC的財政一向主張減輕負擔，另其他各加盟國之間也發生嚴重的政策對立，致使環繞在EC領域內的經濟通商問題，相當頻繁⑶。另一個更重要的事實是，EC的〈內部化〉擬要發展的「歐洲聯合」（European Union）的構想，則在一九七〇年代再度遇到挫折。

最新的「歐洲聯合」的構想是在一九八一年十一月時，在波昂＝羅馬的積極推動之下，由西德的甘夏外相和義大利的可倫坡外相提議向歐洲議會、EC委員會、以及EC各加盟國⑷「歐洲條約草案」（draft of a European Act）。該構想亦即是EC一九六九年的「政治合作宣言」（海牙精神）；另在一九七二年的巴黎EC的高峰會議中提出了「政治聯合」（political union）的構想；最後，在一九七五年由里歐·但丁瑪斯（Leo Tindemans）在EC的閣僚理事會中提出該「歐洲聯合」的構想（但丁瑪斯報告），所發展而成的。該項「甘夏＝可倫坡」（Genscher－Colombo）的提案，另在一九八〇年五月三〇日，歐洲議會委託EC委員會發表，尋求各加盟國凝聚「歐洲聯合」的精神。該構想業已包含了強化EC且全新制度的政治安全保障。事實上，該提案的「歐洲條約草案」中的第二部第四條第一項，在EC的安全保障範圍內，應該補充新的加盟國的「政治合作」的架構，不僅止於與外交、經濟、農業、漁業相關的閣僚理事會，並依據情況而定，舉凡「國防部長理事會」，將會受到關照(5)。另對於「政治聯合」的構想，各加盟國則擬納入安全保障的思考，在謀求EC統合〈內部化〉的政策方面，可說聊有新意。

但「歐洲聯合」的構想在第二年的一九八二年的夏天流產了。華勒斯探討流產的理由，認爲「各加盟國政府重視國內的關心，遠比任何事情更重要」，且「就歐洲的立場言，有關政治的、財政的充裕資源不能讓各加盟國持有」，故霍福曼認爲EC刻正面臨「制度的危機」(6)（institutional crisis）。

何以EC在國際關係上，將「國內的關心」列爲最優先？又EC是否正面臨「制度的危機」？該等問題有幾個原因是重複的。最重要的原因乃是，成員國各國的利害關係，另外國內各業界的利益和各官僚機構的利益均亞於國際利害關係。在EC統合〈內部化〉的嘗試中，其與完全取決於共通政策的內容如何及無法取得完全的調整或調和的「無規則的構造」等有很密切的關係。換言之，各加盟國強烈的國家主義或次國家主義，在EC的各階層內，如擬謀求共通政策的跨國主義，尤有近者，甚至與抵觸國家主權也擬將「政策的共通化」作爲目標的超國家主義發生了激烈的衝突，逐漸地不論當初的跨國主義或超國家主義的理念都產生了式微。故以目前來看，在國際政治動態中，彼視爲常態國家主義或次國家主義的力量學浮現在檯面的現實，便可窺知其因(7)。

㈡國家主義或次國家主義力量的強大，在EC有關預算的分擔方面，或者是EC的共通農業政策以及共通漁業政策的實施等具體局面則不斷地表現出來。在此擬列舉環繞EC在戰略礦物資源的脆弱性實例來看。一九八三年二月十四日的「金融時報」報導了和該問題有關的英國政府意見如下。

「根據倫敦有關貿易方面的消息，英國政府為針對供給中斷有所防備，且為了本國不致於陷入更脆弱的處境，應該實施戰備用品的儲備，故對於重要的金屬和礦物資源都已開始展開秘密收購。舉凡工業用途乃至於用來製造武器的如鉻、錳、及其他的資源均陸續地向南非的多數輸出業者接洽。……至對於重要的礦物資源，是否進行儲備，至今仍在議論中。根據去年十月英國上議院的選購委員會的報告書指出，該等物質主要的供給地是各共產國家、開發中國家乃至南非，如鉻、錳、白金等金屬、礦物資源。因英國發動福克蘭戰爭，故與其等待EEC（歐洲共同市場）的成員國的共通政策，不如自己進行儲備政策(8)。」

白金、錳、鉻等金屬，尤其是對汽車、磁力產業相當重要；而其他的礦物資源中，鈷是爲製造噴氣發動機；錳是化學產業；鈦則是航空產業所不可欠缺的材料，一般視爲重要戰略的金屬(9)。但該「金融時報」報導了有關英國政府的決定，和EC的「政策的共通化」有關，並提出了二件重大的問題。其一是，英國的實例正足以說明對於EC的各加盟國而言，爲確保及維護重要的戰略資源，各國爲了減低自己的脆弱性遠比任何問題都優先。其二，是EC各國在戰略的領域上，爲了要減低EC全體的脆弱性所完成的共通政策立案是否會成功之問題。對於以上的問題回答一點也不感意外和困難。首先，第一個問題是，EC各加盟國，假設EC全體變得更脆弱，則本國爲減輕脆弱性所採取的「個別的策略」。所謂「個別的策略」，不外乎是以國家的利害關係或僅次於國家的利害關係爲最優先的政策。爲瞭解該問題，傑尼（Heather Jenning）作了調查[10]。此與第二個問題的回答亦有關連，即EC對於樹立與戰略礦物資源有關的共通政策，至今尚未成功。筆者在近年，曾就該問題，在布魯塞爾的EC本部與承辦官員進行訪問調查。其結果，EC方面亦即EC委員會方面，對於和重要的戰略礦物資源共識均尚未建立。因此，假設在EC樹立所謂共通政策的構想，那將不是美國式的軍事觀點政策，而是純粹的經濟觀點政策[11]。

不僅限於英國，法國也一樣，在一九七五年曾針對鈷、白金、釩、鈦等礦物等稀有金屬資源，以二個月的時間進行了戰略準備；另外西德也在同一時期，考慮過鉻、錳、鈷的戰略儲備計劃[12]。事實上，倘分析EC整體（一九八〇年現在），則EC各國對多種的戰略礦物資源，大都依賴領域外的國家供給。銅是百分之八十；鎳、鐵大概百分之八七；肥皀溶液是百分之九三；錳是百分之九九；鉻是百分之九七；而鈷、白金、釩等是百分之一百依賴領域外的供應[13]。然而，鉻在南非；錳在南非以及蘇聯；另外白金在南非、蘇聯；而鈷如登山之主繩一般；戰略礦物質源在特定的國家內，其埋藏量和生產量都相當集中，復以供給國的政治安定及政策等均是問題。緣此EC在各種情形下有必要嘗試各式各樣的「政策共通化」當不容否定的。

若說EC從未曾嘗試「政策的共通化」的話，則倒也未必。第一次「洛美協定」締結的目的之一即是，EC各國爲確保礦物資源的開發以及許可，故提供ACP各國輸出所得保障（STABEX）。可是，第一次「洛美協定」是在礦物資源不足的時候簽訂的，並未決定資源的供給保障。因此，EC各國乃考慮要設立一筆基金，俾保障新礦物資源的開發及探查，此付諸第二次的「洛美協定」，另增加提供ACP各國財政上的保障規定（SYSMIN）⒁。另在一九七九年十二月二十日，EC閣僚理事會請求EC委員會，宜針對優先順位較高的如能源、原料等部門，請委員會專心研究計劃。故在一九八二年五月十七日召開的EC閣僚理事會的決議中，採用了自八一年一月花費四年時間的有關EC資源部門的研究開發計劃（第一項），預算是五千四百萬（ECU）（第二項），最後是有關研究開發的實施，規定EC委員會必須要負起責任⒂（第三項）。

但是，即使是在礦物資源開發探查方面提供財務上的援助（SYSMIN）；實際上，EC則尚未有發展開發探查戰略礦物資源的證據。另外，不僅是閣僚理事會，在一九八二年三月五日歐洲議會的決議中（第四項），曾責成EC委員會應做儲備戰略礦物資源政策的調整；但該項決議並未在現實中具體化。在此擬強調的，即是各國政府強烈的國家主義，而各國官僚機構或業界的利益則是次國家主義。由EC的各實例可看出統合的現實是，EC〈內部化〉之結果將致使統合參加國愈來愈陷於國家利害關係或次於國家利害關係的「核心問題」，且似乎有其調和或調整困難的傾向。如霍福曼在一九六〇年代提出之批評，統合理論尤其是採取新功能主義的統合理論，對於統合在國際關係的質，並未經過嚴格的挑選。亦即，是透過嚴格的「零和遊戲」的政治領域「高次元政治」以及共通財的極大化目標？抑或可獲允許的政治領域，亦即和「低次元政治」之間的區別⒃。有關統合的國際關係方面，該兩者的政治領域，以前似乎仍須將它混合來看。

㈢倘僅就EC統合現象言，則不容疏忽的是，EC各國的「經濟的相互依存」（economic interdependence）自EEC開始的一九五八年及至擴大到EC開始為止（七三年），均顯示穩健的成長，在一九七〇年代後半以後，並已達到盛況。如第六章曾提及，「相互依存」的定義是「國家社會間相互作用的一種量的特質（交流的增大或者貿易依存度的增高）在轉化發展成全新的質的特質（國家間的對外行動規則的創造或者政治架構的變革）時的一種「政治力學的過程」⒄；但就EC的統合現象言，尤其在經濟面方面可視作「相互依存」的單線發展過程並未達成。該等狀況有如統合理論的期待般，尤其沒有產生如新功能主義學派理論期待般的「功能性的外溢自動性」的政治過程，其中超國家性是EC建立制度化的一項阻礙要因。

在經濟面方面，EC各國的「相互依存」如舉例說明EC在區域內的貿易比率指標，則EEC在創立時僅三四·三%，在英國、丹麥、愛爾蘭加盟後並擴大了EC時則有五二·七%的大幅度的躍升；之後，就一直持續五〇%的狀況。最後為加以證明，將各加盟國的國內總生產（GDP）和區域內貿易之間的比率，做成系列的矩陣形標準法，試將經濟方面的「相互依存」進行數量分析⒅。倘稱之為「經濟的相互依存」的話，則自一九六九年到一九八一年間，EC的各加盟國的「經濟的相互依存」的傾向方面，很感興趣的可看出一個共通的模型。即EC加盟國的任何一國均止於一九七〇年代中葉左右，「經濟的相互依存」程度逐漸在增高，及至七〇年代的後半以後，「經濟的相互依存」程度可說

表 1　EC 諸國之經濟共存組織情況（1969）

	比荷盧	法國	西德	義大利	荷蘭	丹麥＊	愛爾蘭＊	英國＊	EC(9)＊
比荷盧	1.000	0.033	0.039	0.009	0.069	0.004	0.002	0.009	0.063
法　國		1.000	0.024	0.016	0.016	0.002	0.001	0.006	0.038
西　德			1.000	0.022	0.047	0.011	0.002	0.007	0.053
義大利				1.000	0.011	0.002	0.009	0.005	0.030
荷　蘭					1.000	0.006	0.002	0.015	0.061
丹　麥						1.000	0.001	0.014	0.017
愛爾蘭							1.000	0.044	0.023
英　國								1.000	0.022
EC(9)									1.000

＊丹麥、愛爾蘭、英國於 1969 年時尚未加入 EC，但當時假設其爲 EC 之會員國，一併列入計算。

資料來源：U. N. Yearbook of Interntional Trade Statistics（1969－1983）表 2 亦同。

表 2　EC 諸國之經濟共存組織情況（1981）

	比荷盧	法國	西德	義大利	荷蘭	丹麥＊	愛爾蘭＊	英國＊	EC(9)＊
比荷盧	1.000	0.036	0.042	0.012	0.074	0.005	0.005	0.021	0.075
法　國		1.000	0.029	0.024	0.019	0.004	0.006	0.013	0.051
西　德			1.000	0.026	0.054	0.014	0.007	0.020	0.069
義大利				1.000	0.012	0.004	0.003	0.009	0.040
荷　蘭					1.000	0.009	0.007	0.025	0.074
丹　麥						1.000	0.002	0.020	0.020
愛爾蘭							1.000	0.048	0.033
英　國								1.000	0.042
EC(9)									1.000

＊英國已退出 EC 會員國。

註：關於經濟共存組織情況之計算公式，請參閱第三章表 1、2 之補充註解部份。

完全接近停止狀況。

然而，若將一九六九年與一九八一年相比較，雖可發現ＥＣ的「經濟共存」度增高了，但事實上，該共存度的增高趨勢自七〇年代後半期後並未有實質上的變化。故在此可以假設：ＥＣ倘完全處於經濟共存狀態，則可能會帶給ＥＣ「內部化」的負面影響。茲將一九六九年、一九八一年的ＥＣ「經濟共存」組織情況之圖表載於前一項，以供參考。

(1) 請參考第六章。

(2) Carol and Kenneth J. Twitchett,『The EEC as a Framework for Diplomacy,』Twitchett (eds.), Building Europe : Britain's Partners in the EEC, Europa Publication Ltd., 1981, esp. pp. 8－20. 目前有關許多ＥＣ〈外部化〉之體系分析例如：Johan Galtung, The European Community : A Superpower in the Making, George Allen and Unwin, London, 1973, esp. Chap. IV. ; Werner J. Feld, The European Community in World Affairs : Economic Power and Political Influence, Alfred Publishing Co., Inc., 1976.

(3) 由於英國對ＥＣ的財政負擔問題之故，在一九八〇年代初期，ＥＣ各國與英國之間的政策對立情況表面化，歐洲理事會（ＥＣ高峰會議）亦因而兩度流產。針對該項財政問題。英國方面於一九八四年春天，決定採取延後歸還四億五千七百萬英鎊之報復行動，以拒絕負擔ＥＣ執行委員會的財源問題。換言之，即不打算自關稅收益中抽取一億英鎊來支付該執行委員會。執行委員會對該決議皆強力反彈。而ＥＣ執行委員會亦於該年後半年中發表申明，要求加盟的十個會員國必須清償二十三億三千萬的ＥＣＵ（十九億四千萬美金）貸款，以挽求瀕臨破產危機的預算透支狀況（四月十八日）；然貸款金額佔全部約二〇%的英國，卻表明將對該決策行使否決權，直到預算回扣問題解決爲止。『Commission plays down UK refusal,』 Financial Times, March 30, 1984. ;『Rebate row threatens EEC summit,』 Financial Times, March 15, 1984. ;『EEC budget support loan faces UK veto,』 Financial Times, April 19, 1984.

(4) 關於歐洲條約草案之成立過程及其內容，Bulletin of the European Communities, No. 11, Vol. 4, 1981. 一九八一年十一月六日及十二日，西德政府和義大利政府對其他各加盟諸國政府、歐洲議會、EC執行委員會，發表歐洲條約草案及「經濟統合之相關宣言」。對於該條約草案，代表EC執行委員會的安迪森（Andriessen）會表示：「歐洲受到政治貧血症困擾已久，故現在必須鼓舞上下各組織成員，重新振作新政治的士氣」，對於西德及義大利兩國政府共同努力使歐洲統合工作再度復活的舉動，給與極高的評價。

(5) Ibid., p. 89.

(6) Wallace,『Europe as a Confederation : the Community and the Nation－State,』 op. cit., p. 68. ; Hoffmann,『Reflections on the Nation－State in Western Europe Today,』 op. cit., p. 32.

(7) 請參閱第三章。

(8) John Edwards,『Strategic stockpile of key raw materials set by UK,』 Financial Times, February 14, 1983.

(9) 嘗試進行有關白金、錳、鉻等戰略礦物資源的重要性、及其持有、供需政策之類的國際比較性之研究，例如下述各項研究即是。Bohdan O. Szuprowicz, How to Avoid Stratgic Materials Shortages : Dealing with Cartels,

Embargoes, and Supply Disruptions, John Wiley and Sons, New York, 1981.

(10) Heather Jennings, The EEC and Strategic Minerals Vulnerability, an unpublished paper submitted to Professor Bruce M. Russett, May 1982.

(11) 在位於布魯賽爾之EC本部內與Mr. Tytgat, Mr. Grand, Mr. McGlee, Mr.Donato等各官員之會談。（八二年三月）此次會談中，特別指出EC階層中並無相關戰略礦物資源的共同政策之事實。因此自一九七六年起便針對該範疇，成立了由EC會員國之經濟部代表委員所組成的諮詢協議機關（Advisory Consulative Body），並於第二次「洛美協定」的第三部第一章之四九、五〇、五一各條約中制定特殊的並有利於財源之條約，以利「政策共同化」的執行。但EC的各組織成員皆僅以經濟上的觀點來討論礦物資源、石油等能源資源之重要性，故有關戰略性之共識方面則乏善可陳。

(12) Jennings, op. cit., p. 13.；Edwards, Financial Times, op. cit.

(13) Phillip Crowson, Minerals Handbook 1982－83, Royal Institute of International Affairs London, 1983, p. 8.

(14) 比起第一次「洛美協定」，第二次「洛美協定」的主要改革之一，便是引進所謂的SYSMIN，對於礦物資源較有利之制度。SYSMIN是Systme Minerals的簡稱，係指當ACP各國的生產能力或者是礦物資源的輸出所得發生實質上的縮減時，為了實行對ACP各國之礦物部門的專案計劃而撥款二億八千萬ECU之事。其中的二億ECU是由歐洲投資銀行提供。Philip Daniel,『Mining and Mutual Interest：Minerals and SYSMIN in Lome III,』Lome Briefing, No. 8, 1983.

(15) Offical Journal of the European Communities, Vol. 174/23, June 21, 1982. 但是，SYSMIN 與 STABEX 並不相同，其並非對出口損失採取自動補償之措施。Bulletin of the European Communities, Memorandum on the Community's development policy, Supplement 5/82.

(16) Hoffmann, op. cit., pp. 29－30.

(17) 請參閱拙作「相互依存」（『相互依存的國際政治學』（第二版）、有信堂、一九八二年）第五十四——五十五頁。

(18) 一九六五年——一九八一年期間，比盧荷三國對EC各國之「經濟共存」度，曾由〇·〇六全面提升至〇·〇七八；但自一九七〇年代後半起便不再增加。而在法國、西德、義大利等原來EC六國，其發展趨勢亦與其幾乎完全相同。至於英國、愛爾蘭、丹麥各國，其對EC各國的「經濟共存」度在七〇年代後半起雖無顯著的變化，但在其加入EC前及加入後之「經濟共存」度確實皆大幅提升了。

三、統合之研究課題

就EC的行動過程所得悉之統合現狀，正如前述所曾嚐試之部份分析中所得知一般，是一種〈外部化〉的發展及〈內部化〉的挫折不斷地交織而成的〈兩面價值〉之政治過程(1)。正如前述，新功能主義學派的統合理論，將隨著該〈兩面價值〉之政治實施而蒙受最大的損害。EC共同體的確是以共通關稅爲起點，其後復以貿易及經濟通商等各層次的「政策共通化」爲目標而努力至今。但共同體之會員國，現今則尙未負起制定共通的對外政策之義務。事實上，要達到對外政策共通化的道路還十分遙遠。說來令人傷感，那位根據托克維爾（Alexis de Tocqueville）的預見而謀求實現歐洲統合理想的EEC執行委員會首任委員長哈爾斯坦（Walter Hallstein）所主張之「歐洲合衆國」構想，及至一九八〇年代的今天已明顯地有開倒車之勢(2)。

然而，EC的統合現象並不會因此而告終止。統合的〈內部化〉雖然停滯不前，但EC對於國際政治的政治影響力，則刻正不斷地擴張中。倘自該等〈兩面價值〉政治過程的實際狀況來看，首先擬指出的是，統合理論的全體成員並不需要接受「破產宣告」。而對旁觀統合理論者而言，新功能主義理論的「自動性功能外溢」之假設，則恐太過於充滿挫敗意識。另對於統合理論的評價(3)，則看法相差甚殊。交流主義學派的普查拉並將統合理論予以理論化及驗證。其內容如下：其一、在國際關係中，可產生各種統合現象的國際互助形態；其二、互助問題範圍有關之經濟利益價值，可如軍事安全保障範圍之經濟利益價值一般，加以政治化（politicization）；其三、刻在跨國性的組織中嚐試彼此合作的官僚或官僚組織，於對外政策的立案過程中有時會採取協調行動；其四、跨國性組織的非政府組織（NGO），確實已逐漸影響到國際關係的動態；其五、現代國家其對內對外的各項政策越來越有息息相關、密不可分的趨勢；其六、在國際關係方面已有機會實現其超越國家本位的觀念(4)。

就普查拉的分析來看，統合理論確實有其不容忽視的成果。但無論是交流主義理論或者是新功能主義理論，兩者皆有相同的理論缺失，就如筆者前所指述，該二理論對國際統合「最終結果」的假設及政治過程，無論在理論及驗證方面均尚嫌模糊且不夠完整。簡言之，就新功能主義理論而言，其僅將「最終結果」設定爲超越國家本位的政治共同體，然其內容則無論是用在分析研究上、或者是統合參加國家的政策目標都太過於抽象，並與EC的實際行動過程存有著很深的鴻溝。而交流主義理論的「最終結果」——「非戰共同體」以及「安全保障共同體」，實際上係要透過何種國民社會間的交流溝通過程才能達成此目標？尤其對有關EC政治過程的理論及實例分析方面，則尚有不足之處。

研究人員今後應如何面對如上所述之統合理論中的具體問題？在此有兩個可行的方法。其一，針對參加統合國家在統合的架構（EC的各國際機構及「政治合作」等）中，實際展開的行動模式及其發展的「合作系統」或「共存的組織化」等情況，著手理論建構並進行實例研究。爲驗證該項理論，筆者我在第二章曾建議將「抑制紛爭」之國家模式，套入「政治距離」的理論中，並予以模式化、數值化的方法。第二種方法是從小處著手的方式，直接針對加入統合國家的對外政策、對內政策是如何地轉變，亦即對於參加國際統合的國家，其國內政治是如何受到影響之各種實例加以研究。尤其在第二種方法，（Stuart A. Scheingold）曾在一九七〇年的論文提出了問題，而普查拉亦於一九七五年發表了極受學界重視的論文，該二位學者皆申述了其重要性(5)。然而，雖有人提出，參加統合的國家其內外政策的變化，或者是統合的國際關係對參加統合國家的國內政治深具影響乙節十分重要，但就實際之實例研究言，則尚未發展完整。嚴格來說，此爲今後研究統合的首要課題。

其次所擬探討的統合研究課題可能令人感到意外，蓋與和至今的統合研究者的主張不同，該理論將比較國際統合現象的理論經緯寫得更加詳實，而不草率帶過(6)。相反地，倘能繼續將與歐洲共同體相關的國際關係，並據以分析國際統合的範例，亦即將國際統合的實例限定在EC統合現象之範圍內，則較有助於繼續發展統合研究的工作。採取該等方式的主要原因，乃是可在統合研究課題上謹慎地設假問題，俾期能在EC統合的實例中，逐步瞭解統合的政治過程如何地改變了「民族國家體系」。就EC〈內部化〉尤其自一九七〇年代起曾屢遭挫折乙節言，不能因此便否定了EC統合現象隱藏有向「民族國家體系」挑戰力量之事實。應可說由於具有挑戰性，EC才會在〈內部化〉的過程中遭到國家主義或次國家主義的強烈反抗。

試舉實例來說，一九六七年八月由泰國、馬來西亞、新加坡、印尼、菲律賓等五國成立了ASEAN（東南亞國協）。ASEAN確實於一九七六年二月簽定了東南亞友好合作條約，並於同年六月發表ASEAN合作宣言，又於七七年二月簽定了特惠貿易協定，且於八〇年三月的外交會議中同聲譴責蘇聯入侵阿富汗。就一方面來看，該聯盟以區域內的經濟、外交「政策共通化」為目標，顯示了國際統合已開始萌芽。但倘由另一方面來看，則ASEAN和EC的情況大不相同。ASEAN並未以發展「經濟共存」、加強國民社會間的交流為基礎，反偏向於由某些特定決策者之間的一種「戰略上的共存」。因此，與其說是國際統合已開始萌芽，不如說僅止於是傳統的同盟政治形式。對於該等決策者的「戰略共存」性言，筆者曾進行部份的實地觀察研究(7)，故筆者認為不能輕率地將ASEA

N與EC混爲一談。另外，東歐的社會主義國家與蘇聯間於一九四九年一月所成立之COMECON (Communist Economic Conterence)，一方面雖具有促進會員之間經濟合作等統合現象之「政策共通化」傾向；但就另一方面來說，該組織以蘇聯爲首的政治區域統一性太強，明顯地違背了國際統合理論之統合過程中「非強制性」的主要前提(8)。

國際統合理論之體系研究當以普遍化、一般化爲目標，但同時於進行實例研究時，毋需急著進行統合的國際比較工作，尤應先全力進行EC各國間之國際關係以及較具直接、間接的國際關係之動態分析。第三點，尤須考慮的是：在EC的國際關係架構中，實際上應如何發展跨國性主義的政治過程與國家主義、次國家主義（或稱區域主義）政治過程之間的協調關係，該項實例研究在今後的統合研究課題中亦是不可或缺的。EC的國際關係中，次國家性的各行爲團體均能超越會員國間的國家性組織彼此攜手合作，期對歐洲共同體發揮政治影響力。如農業部門的COPA或者是工業部門的UNICE等聯盟組織，在布魯賽爾本部或各會員國內皆逐漸有不容忽視的地位(9)。此外，在歐洲議會於一九七九年六月採取直接普通選舉制之前，EC執行委員會並無理事任免權，對EC部長理事會更沒有任何控制權，故在EC的決策體系中一直是一個副手角色；但實施此種選舉制度之後，跨國性組織成員中之各個政黨間的政治活動力，便能在西歐舞台上更加靈活運作了。故「今後的變化如何？」此方面的研究也日益重要。

第四點，與EC的國際關係間有關的其他國際關係方面，例如：就EC與非洲等其他開發中國家之間的經濟通商關係言，ＥＣ各國自第一次的「雅溫德協定」至第二次的「洛美協定」爲止，在該統合組織中實際上如何展開何種行動模式或外交策略？此方面實有必要再加以詳細研究。在國際統合中，最重要的政治過程要件，亦即「非強制性」之原則。倘試印證於各國與開發中國家間發展新的國際關係時，應如何進行才不失妥當？在本書第五章亦曾指出，一九七三年葛頓（John Goltung）在其著作『歐洲共同體——超大國的創造』中亦曾提出本項問題(10)。ＥＣ各國及具有對外交涉權的ＥＣ執行委員會，實際上是否係藉由葛頓所謂的「榨取」＝「離間」＝「滲透」之「支配力學」以外的行動模式或外交策略，據與開發中國家簽定的聯合協定？而該種行動模式或外交策略，在ＥＣ執行委員會及ＥＣ各國與先進國家透過高峰會議的方式發展其間的外交經濟關係時，是否會遵循其他不同的模式或規則？關於此點，實有必要仔細研究該等理論與實例，或可稱爲ＥＣ〈內部化〉與〈外部化〉間相互作用之研究。如此看來，國際統合的研究工作有必要再進一步發展才行；事實上，我們亟盼克服國際政治學上有關國際統合研究之種種難題。

(1) 關於〈兩面價值〉政治過程的特色，可以前英國首相柯靈頓的演講爲參考案例。請參考第六章序言的註(1)。

(2) Walter Hallstein, United Europe : Challenge and Opportunity Harvard University Press, Cambridge, Mass., 1962. 哈爾斯坦「歐洲合衆國」的構想，由右列的著作內容可得知，係以美利堅合衆國作爲歐洲共同體政策的藍本。

(3) Donald J. Puchala, 『Integration Theory and the Study of International Relations,』 op. cit., esp. pp. 148–419.

(4) 請參考第二章。

(5) Stuart A. Scheingold,『Domestic and International Consequences of Regional Integration,』International Organization, Vol. 24, No. 4, Autumn 1970, pp. 978－1002. ；Puchala,『Domestic Politics and Regional Harmonization in the European Communities,』World Politics, No. 4, July 1975, pp. 496－520.

(6) Haas『The Study of Regional Integration：Reflctions on the Joy Anguish of Pretheorizing,』op. cit., esp. pp. 613－622.

(7) 拙稿「ASEAN的相互依存構造與日本」坂本義和、松本繁一編『變動的亞洲國際政治』亞洲經濟研究所一九八四年。

(8) Stephen S. Goodspeed, The Nature and Function of International Organization（2nd edition）, Oxford Uinverstiy Press, New York, 1967, pp.594－596.

(9) 有關歐洲壓力團體之系列研究如下：Emil Kirchner and Konrad Schwaiger, The Role of Interest Groups in the European Community, Gower Publishing Inc., 1981.

(10) Johan Galtung, The European Community：A Superpower in the Making, George All en and Unwin, London, 1973.

主要參考文獻

〔收集了有關國際統合理論與歐洲統合的歷史分析，及ＥＣ的政經法律等各領域相關的事例研究文獻。但外國語文獻除外。〕

入江啓四郎「歐洲煤礦鋼鐵共同體的成立」（『國際法外交雜誌』第五二卷第一・二號一九五三年）

一九六〇年代

入江啓四郎「歐洲共同市場及其週邊—所謂的七對六的角逐—」（『國際問題』第一號（一九六〇年）

內田省三「歐洲經濟共同體及歐洲自由貿易聯合」（『外務省調查月報』第一卷第一號一九六〇年）

片山謙二「ＥＥＣ對世界經濟的影響」（『國際問題』第二四號一九六二年）

佐藤和男「歐洲共同市場的法律問題」（『國際問題』第三三號一九六二年）

吉村健藏「國際政治機構的發展」（『國際問題』第三一號一九六二年）

材瀨興雄「西歐統合的歷史及其性格」（『國際問題』第三七號一九六三年）

石原義盛「戰後的歐洲統合」（『國際政治』第二七號一九六四年）

內山正熊「歐洲統合與英國」（『國際政治』第二七號一九六四年）

田中勇「歐洲的政治統合」（『國際政治』第二七號一九六四年）

播　里　枝「歐洲統合與德法樞軸」（『國際政治』第二七號一九六四年）
深谷滿雄「歐洲統合與美國」（『國際政治』第二七號一九六四年）
村瀨興雄「歐洲統合的前史」（『國際政治』第二七號一九六四年）
吉村健藏「歐洲的軍事統合」（『國際政治』第二七號一九六四年）
島野卓爾「西德經濟的現狀與ＥＣＣ」（『國際問題』第六八號一九六五年）
內田勝敏「英國與ＥＥＣ」（『國際問題』第九一號一九六七年）
片山謙二編『現代資本主義與ＥＥＣ』（日本評論社一九六七年）
岡　村　堯「歐洲共同體法與國內法的關係」（『法政研究』（九州大學）第三四卷第四號一九六八年）
片山謙二「歐洲共同體進行到什麼程度？七〇年代〈ＥＥＣ課題〉」（『經濟人』四月二三日一九六八年）
小宮隆太郎「ＥＥＣ的經濟與經營」（『中央公論』七月號一九六八年）
平島冷志「ＥＥＣ加盟問題的推移」（『國際問題』第九五號一九六八年）
並木信義「歐洲經濟論—歐洲統合的現狀與將來」（通商產業研究所一九六八年）
野村昭夫「ＥＥＣ的累積與集中—企業的統合問題」（『世界經濟評論』第一二卷第九號一六八年）
歐洲經濟共同體委員會編『ＥＥＣ第十年度的軌跡—歐洲經濟共同體委員會第十年次報告概要）』（外務省經濟局經濟統合課一九六八年）

一九七〇年代

岡村堯「歐洲共同體機關議決之法的性質與約束力—歐洲煤炭鋼鐵共同體」（『法學論集』（西南學院大學）第三卷第一號一九七〇年）
片山謙二「有關ＥＥＣ聯邦的統合問題」（『經濟學論叢』第二四卷第一號一九七〇年）
黑神聰「歐洲共同體的研究—有關國際組織與主權之一考察」（『愛知學院大學論叢〈法學研究〉』第一二卷第三號第一三卷第二、三號一九七〇年）
島田悅子「ＥＥＣ經濟發展與企業集中」（『國際問題』第一一八號一九七〇年）
清水嘉治「ＥＥＣ加盟與英國的代價」（『經濟評論』第一九卷第三號一九七〇年）
野村昭夫「區域經濟統合與ＥＥＣ」（『國際問題』第一一八號一九七〇年）
荒木信義「ＥＥＣ的貨幣問題」（『國際問題』第一三七號一九七一年）
泰忠夫「預見ＥＣ的貨幣統合」（『世界經濟評論』第一五卷第九號一九七一年）
岡山隆「ＥＣ的共通經濟政策」（『國際問題』第一四二號一九七二年）
清水嘉治「歐洲合衆國論—擴大ＥＣ其內在的問題點」（『經濟人』十月三一日號一九七二年）
永井清彥「擴大ＥＣ與統合理念」（『世界』一二月號一九七二年）
八木澤三夫「擴大ＥＣ其政治界限」（『世界』五月號一九七二年）
大隈宏「區域統合的研究動向」（『國際政治』第四八號一九七三年）
岡村堯「國際區域統合的方法」（『法學論集』（西南學院大學）第六卷第三號一九七三年）

佐藤和男「國際統合與經濟秩序」（『國際政治』第四八號一九七三年）
島田悅子「歐洲共同體的經濟發展與企業集中運動的展開」（『東洋大學經濟經營研究所研究報告』一九七二年版一九七三年）
島野卓爾「擴大EC的貨幣問題」（『國際問題』第一五六號一九七三年）
高柳先男「功能的統合理論」（『國際政治』第四八號一九七三年）
瀧澤健三「EC貨幣同盟的虛像與實像」（『經濟評論』第二二卷第一二號一九七三年）
中原喜一郎「國際統合與多國籍企業」（『國際政治』第四八號一九七三年）
深津榮一「國際統合與國際秩序」（『國際政治』第四八號一九七三年）
荒川弘『歐洲共同體』（岩波書店一九七四年）
荒川弘「EC大聯合構想與阿拉伯世界」（『自由』第一六卷第一一號一九七四年）
南義清「哈斯的國際統合理論與歐洲統合」（『一橋論叢』第七二卷第四號一九七四年）
岡村堯「歐洲共同體的成立」（『法學論集』（西南學院大學）第七卷第四號第一〇卷第二、三號一九七五，一九七八年）
田中俊郎「Schuman plan的英國政治過程論」（『法學研究』（慶應義塾大學）第四八卷第七、八號一九七五年）
金丸輝男「歐洲議會的權限與其實際」（『同志社法學』第二七卷第四號一九七六年）
仲井斌「西歐統合的新潮？—Dendiman提案與EC現實」（『朝日Journal』四月九日號一九七六年）

丸山繁郎「歐洲統合過程—歐洲同盟理念的發展」（『芝浦工業大學工學部記要）第一〇卷一九七六年）
渡部經彥「經濟統合—EC」（『世界』三月號一九七六年）
伊澤久昭「義大利的立場與EC」（『世界經濟評論』）第二一卷第七號一九七七年）
內田勝敏「英國的立場與EC—EC加盟的和協問題」（『世界經濟評論』第二一卷第六號一九七七年）
岡本善八「國際私法事件之歐洲共同體法院的判決效果」（『社會科學』第六卷第二號一九七七年）
片山謙二編『EC的發展與歐洲統合』（日本評論社一九七七年）
金丸輝男「歐洲議會的直接選舉」（『國際法外交雜誌』第七五卷第五、六號一九七七年）
黑神聰「歐洲共同體司法院制度的特質與擴大共同體成立後的司法官增員問題（『愛知學院大學論叢〈法學研究〉』第一八卷第二、三號第一九卷第一、三號一九七七年）
清水貞俊「日本對EC研究的現況」（『世界經濟評論』）第二一卷第八號一九七七年）
田中俊郎「歐洲共同體的加盟問題與英國輿論」（『法學研究』（慶應義塾大學）第五〇卷第一〇、一一號一九七七年）
細谷千博「EC與COMECOM」（『外務省調查月報』第一八卷第二號一九七七年）
南義清「從區域統合理論來看ASEAN」（岡部達味編『ASEAN國際關係』日本國際研究所一九七七年）
南義清「EC與地中海沿岸各國的關係」（『世界經濟評論』第二一卷第七號一九七七年）
大隈宏「EC對外關係的基本結構」（『成城法學』第一號一九七八年）

主要參考文獻

大谷良雄「歐洲經濟共同體國際協定的效力」（『經濟法』第二〇號一九七八年）
中原喜一郎「歐洲議會與國際政黨」（『國際政治』第五九號一九七八年）
南　義　清「EC的決策」（『國際政治』第五九號一九七八年）
井川一宏「貨幣統合的理論」（『國民經濟雜誌』第一三八卷第一號一九七九年）
岡　山　隆「歐洲統合的軌跡—共同市場的誕生」（遠藤浩一編『西歐與國際政治』晃洋書房一九七九）
澤　　田「偉大的實驗—歐洲議會—世界最初的直接選舉」（『自由』第二一卷第六號一九七九年）
長　尾　悟「EC的對外決策過程」（『國際問題』第二三七號一九七九年）
『EC法—歐洲統合法的結構』（大谷良雄、最上敏樹譯有斐閣一九七九年）
細谷千博「EC與日本的貿易糾紛交涉」（『國際問題』第二三七號一九七九年）
横田洋三「國際組織法的結構—功能性的統合說之界限」（『國際法外交雜誌』第七七卷第六號一九七九年）

一九八〇年代

岡　山　隆「區域統合的進展」（齊藤優編『世界經濟的知識』有斐閣一九八〇年）
黑　神　聰「有關一九五三年三月十日歐洲共同體各機構及共同管轄權」（『愛知學院大學論叢「法學研究」』第二二卷第四號一九八〇年）
戶　崎　徹『歐洲共同體』（成文堂一九八〇年）
細谷千博、南義清編『歐洲共同體之研究—政治力學的分析（新有堂一九八〇年）

大隈宏「非對稱的相互浸透關係一考察—EC共通農業政策與ACP農產品」(『國際政治』第六七號一九八一年)

大隈宏「EEC與南北問題」(『海外情事』第二九卷第一〇號一九八一年)

大隈宏「EEC與ACP—第二次洛美協定交涉的過程分析」(『成城法學』第八號一九八一年)

島田悅子「歐洲共同體對開發中國家政策—聯合關係與洛美協定」(『經濟論集』(東洋大學)第五卷第一二號一九八一年)

田中俊郎「EC加盟國的政治合作—以『歐洲與阿拉伯的對話』爲研究案例」(『法學研究』(慶應義塾大學)第五四卷第三號一九八一年)

田村正勝「EC之新開展—歐洲貨幣制度(EMS)」(『世界經濟』第三六卷第八號一九八一年)

日本EC學會編『EC的競爭政策與產業政策』(有斐閣一九八一年)

內田勝敏、清水貞敏『看EC經濟』(有斐閣一九八二年)

大隈宏「EC共同開發援助政策的胎動」(『成城法學』第一〇號一九八二年)

大谷良雄『概說EC法—新歐洲法秩序之形成』(有斐閣一九八二年)

金丸輝男『歐洲議會—超國家的權限與選擧制度』(成文堂一九八二年)

田村正勝「歐洲統合與國際經濟秩序—EC的新開展」(『早稻田社會科學研究』第二三號一九八二年)

簡井若水「國際聯合經濟統合代之原因—歐洲煤鐵鋼共同體之參考」(『國際法外交雜誌』第八一卷第三號一九八

二年）
日本經濟新聞社編『ＥＣ的常識』（日本經濟新聞社一九八二年）
日本ＥＣ學會編『ＥＣ的勞動移動情形』（有斐閣一九八二年）
日本貿易振興會海外經濟資訊中心編『ＥＣ的對日通商政策』（日本貿易振興會一九八二年）
堀江浩一郎「ＥＥＣ地中海政策的變遷及交涉」（『亞洲經濟』第二三卷第二號一九八二年）
松　井　謙「區域貨幣統合的理論與現實―ＥＣ與ＣＯＭＥＣＤＮ之比較研究」（『國際經濟』第三二號一九八二年）
最上敏樹「歐洲共同體的組織結構―『統合組織』論之試再建構」（『國際法外交雜誌』第八一卷第一，三號一九八二年）
清水貞俊「歐洲貨幣制度（ＥＭＳ）之開始及其營運」（『立命館經濟學』第三〇卷第三，五號一九八三年）
蘇聯東歐貿易會『ＣＯＭＥＣＯＮ與ＥＣ之經濟合作一九八三年』（蘇聯東歐貿易會一九八三年）
高　橋　悠「基本權保護與歐洲共同體―以歐洲人權保護條約加入歐洲共同體有關委員會備忘錄爲主題」（『同志社法學』第三三卷第六號一九八三年）
日本ＥＣ學會編『日美歐關係的綜合考察』（有斐閣一九八三年）
福　田　耕　治「ＥＣ決策過程與主要政治機構改革案―介紹三賢人會之報告」（『同志社法學』第三三卷第六號一九八三年）

山　影　進「區域統合論再考察」（『國際政治』第七四號一九八三年）
山　影　進「區域統合論與ASEAN—ASEAN的特徵及理論再考」（『國際問題』第二七五號一九八三年）
石川一雄「政治統合規範的範疇—紛爭的論理及統合的非論理」（『法學研究』（慶應義塾大學）第五六卷第三號一九八四年）
大　隈　宏「EEC輸出所得安定化制度—STABEX的背景、實績及課題」（『成城法學』第一三號一九八四年）
大島美穗「北歐統合研究之現狀」（『國際政治』第七七號一九八四年）
田村悅一「歐洲共同體與基本權保護的開展—共同體法院的動向」（『立命館法學』第一六八號一九八四年）

寫於譯後

譯者於民國七十五（一九八六）年奉中華民國外交部派赴日本東京研修語文，其間奉准報讀早稻田大學政研所並追隨業師鴨武彥教授學習課程二年。及至返國，秉業師交待公餘可試譯其論作俾在華出書，譯者欣然授命，無乃工作與譯作無法兼顧，致延宕多時，直至此次出書前後竟達六載有餘，實有愧業師期許，首先謹向業師申致歉意。

此書乃業師在母校早稻田大學之論士課程論文，業師後來負笈美國耶魯大學攻讀ｐｈ．D，該統合理論研究堪稱係業師學術成就之濫觴。

業師後爲東京大學法學部所延攬，創下私立大學教授轉赴國立大學之先例，倘以業師在日本國際政治學界、大衆傳播界之具體學術成就及崇高之學界地位言，自非駑鈍如譯者所能肩負此譯作任務者，有恐貽笑專家學者。

譯者以爲，此書之研究架構及學術理論足以觀察歐體發展成歐聯及其今後之可能走向。倘從歐體自原來之加盟國六國，擴大至本年之十五國，及至西元二千年預計將達到二十四國之發展傾向看來，當印證當時歐體設定之經濟統合優先、政治統合其次之假設前提無訛。復從本年歐洲申根公約實施七國單一簽證，另歐聯單一貨幣體制刻正努力等諸舉看來，亦說明了倘經濟統合順利，則政治統合自然水到渠成，反之，則可能流於貌合神離之自然法則。

業師在本書最後結論章提出之重要研究發現，即量的交流造成質的變化之政治力學過程，謂之相互依存。譯者並認爲乃是此書之重點所在。經濟統合不外乎彼此相互依賴，截長補短，構成一幅競爭或互補之圖面，倘彼此間經濟互賴順利，自可漸進形成預定之政治統合目標；反之，倘政治統合前提在先，經濟鯨呑手段在後，或經濟互賴之程度未如政治計算之預計效果，則恐將無疾而終。

譯者以爲倘將業師該項研究發現用來觀察兩岸交流現況，則不難發現，量的交流所轉化之質的變化，可謂之兩岸互動關係。其中之政治力量過程分析，應可據以前瞻規劃我今後之政策取向及中共可能之政治計算爲何。

本書得以順利付梓必須感謝譯者友人台北中廣記者本田善彥先生、生產力中心高碧宜小姐、外交部研究設計委員會老同事林專員茂雄等之協助校稿，另倘無文史哲出版社彭社長之熱心支持，本書恐以自費出版之方式予以出爐，謹此申致謝忱。原本譯者以此書曠日費時，後以學藝不精有恐糟蹋業師大作爲由，不敢爲誌。誠惶誠恐，謹誌譯後，以爲自勉，尙祈學長先進不吝賜敎，以匡不逮，至感榮幸。

一九九五年六月

粘信士於日本福岡